Taschenbücherei · Texte & Materialien

Herausgegeben von
Klaus-Ulrich Pech und Rainer Siegle

Lutz Hübner

Creeps
Ein Jugendtheaterstück

mit Materialien,
zusammengestellt von Henning Fangauf

Ernst Klett Schulbuchverlage
Stuttgart · Leipzig

Im Internet unter **www.klett.de/online** finden Sie zu dem Titel *Creeps* einen Lektürekommentar, der methodisch-didaktische Hilfen und Anregungen enthält. Geben Sie dort in das Feld »**Online-Link**« folgende Nummer ein: **262680-0000**

1. Auflage   1 ¹⁷ ¹⁶ | 2024 2023

Alle Drucke dieser Auflage können im Unterricht nebeneinander benutzt werden, sie sind untereinander unverändert. Die letzte Zahl bezeichnet das Jahr dieses Druckes.

Lizenzausgabe mit freundlicher Genehmigung des © Hartmann & Stauffacher Verlags, Köln 2005.

Der Text wurde der reformierten Rechtschreibung angepasst.

Redaktion: Veronika Roller
Umschlaggestaltung und Layout: Sandra Schneider
Herstellung: Dea Hädicke
Satz: Köhler & Köhler, Taucha
Umschlagfoto: Inszenierungsfoto des Theaterstückes „Creeps" am Jungen Theater Basel, 2004

Reproduktion: Meyle + Müller GmbH + Co. KG, Pforzheim
Druck: Plump Druck & Medien GmbH

Printed in Germany

ISBN 978-3-12-262680-8

»Moments can change your life.«
Priscilla Presley

»I don't belong here.«
Radiohead

Darsteller

Petra Kowalski, 16 Jahre alt, Outfit gemäß modisch (H & M) mit einem leichten Schlag ins Prollige, (Flokatijacke), Rucksack. Kein Dialekt, aber eine sächsische Sprachmelodie.

Maren Terbuyken, 17 Jahre alt, kurze Haare, modisch eher in Richtung Kelly Family, Naturstoffe, nicht figurbetont, ungeschminkt, vollgepackte Sporttasche (Tigerente?).

Lilly Marie Teetz, 17 Jahre alt, schwarzes Kostüm, sehr schick, aber trendy, hohe Schuhe (Plateau), dezent geschminkt, Latextasche mit Noppen, Handytasche im Riemen eingearbeitet, MP3-Player.

Offvoice, Die fröhlich intime »Guten Morgen Wecker«-Stimme. Dreißig aufwärts, Typus Berufsjugendlicher/Medienversion.

Bühne

Die Studiodekoration einer Musiksendung. Auf der hinteren Wand eine Videoleinwand, ein Graffiti »Creeps« (evtl. als Projektion).
Ein altes Sofa, Stehlampe Siebziger, ein Couchtisch, auf dem ein Funkmikro liegt, ein rotes Signallicht (Baustellenlampe).
Zwei Sessel, ein Sideboard mit Früchten, Kaffeekanne, Wasserflaschen etc. Diverser Nippes. Wohnzimmerclubatmosphäre.

Die Bühne ist dunkel. Musik: Radiohead: Creep/acoustic.
Auf der Videoleinwand evtl. Text:

»Du siehst verdammt gut aus, du bist cool, ohne dich kommt keine Party auf
Touren, deine freche Schnauze ist Kult.
Warum eigentlich hast du dich nicht schon längst bei uns beworben?!   5
Wir suchen genau solche Moderatoren wie dich!
Power, Präsenz und Personality, um ›Creeps‹,
eine neue Trendfashionmusicshow zu moderieren.
Wenn du zwischen 16 und 18 bist und der Steckbrief auf dich zutrifft, bist du
die Richtige!   10
Wie das geht?
Ganz einfach: Demoband schicken, warten bis wir anrufen und los geht's
nach Hamburg. Kennwort Creeps!
Wo immer du gerade bist: Wir holen dich da raus!
And don't forget: the world is waiting for you!«   15

Danach sieht man Schlusssequenzen von Bewerbungsvideos:
1
Petra in einer Disco, sie hat gerade eine Tanznummer beendet.
Petra Okay Leute, bis bald in Hamburg.
Sie lacht, macht das Victoryzeichen.   20
Petra *leise* Geht das so, Konrad?
Eine Stimme, *offensichtlich Konrad, der die Kamera führt* Einwandfrei, Petra.
Petra lacht. Black.
2
Maren in einem Klassenraum/Aufenthaltsraum.   25
Sie sitzt an einem Tisch, vor sich ein paar Blätter, sie lächelt, winkt kurz, steht
dann auf und geht Richtung Kamera, streckt ihre Hand aus, um die Kamera
auszuschalten, Black.
3
Lilly auf einem schwarzen Ledersofa, im Hintergrund Musik.   30
Lilly   *Das muss reichen, Leute, den Rest gibt's nur live im Studio.*
Die Kamera fährt Close up auf ihr Gesicht, verharrt kurz auf ihrem knallrot
geschminkten Mund, Küsschen und Black.

Das Licht auf der Bühne zieht auf.

Nach einiger Zeit kommt Petra herein, stellt ihre Tasche ab, sieht sich um, lächelt, wartet.

Petra Hallo, ich bin jetzt da!

5 *Sie setzt sich aufs Sofa.*

Petra Super Musik, auch ein geiles Video, kenn ich.

Sie geht noch mal nach draußen, sieht auf dem Türschild nach, kommt wieder herein. Die Musik endet.

Petra Ist doch hier wegen Creeps, moderieren und so, oder?

10 *Sie sieht sich noch mal um, bemerkt dann den Schriftzug »Creeps«. Sie lacht verlegen.*

Petra Oh Mann, alles klar, sieht mir echt ähnlich.

Cooles Graffiti, echt.

Maren erscheint in der Tür, stutzt, sieht auf das Türschild.

15 **Maren** Bin ich hier richtig wegen der Sendung Creeps?

Petra Ja klar.

Sie zeigt auf das Graffiti.

Guck mal, habe ich auch eben erst gesehen, echt typisch. Aber es sagt einem ja auch keiner was. Egal. Ist ja auch noch nicht

20 ganz halb, okay.

Also ich bin Petra, hallo, ja.

Komm rein, sag ich jetzt einfach mal so.

Maren kommt herein.

Maren Hallo.

25 **Petra** Klingt jetzt vielleicht blöd, aber, bist du der Studiogast oder so? Ich bin nämlich das erste Mal da.

Also eigentlich gerade erst angekommen, ich mein nur, weil du dich auch nicht auskennst.

Maren Ich bin Moderatorin.

30 **Petra** Echt?

Sie gibt ihr die Hand.

Oh Mann, das ist alles so spannend.

Ich auch, weißt du?

8

Maren Und was machst du?

Petra zeigt auf das Graffiti.

Petra Na, Creeps.

Maren Das mach ich.

Stille. 5

Petra Also, die haben bei mir angerufen und so.

Maren Bei mir auch.

Petra Das wusste ich nicht.

Maren Ich auch nicht.

Petra Vielleicht machen wir das ja zusammen oder so. 10
Gibt's ja öfters.

Maren Ich weiß nicht, was sie dir gesagt haben.

Petra Da kommt ja bestimmt gleich jemand.

Maren Aber du hast auch ein Videoband geschickt.

Petra Ja klar. 15

Lilly kommt herein.

Maren Guten Tag. Hallo, ich bin Maren Terbuyken, wir haben
da gerade ein Problem. Wir sind wegen der Moderation
da …

Lilly Na? Habt ihr auch eine message gekriegt? 20

Maren Ich wurde angerufen.

Lilly »Du bist es! Du! Du! Du! Ganz fette Glückwünsche von uns
allen und bis bald.«

Maren *irritiert* Ja, genau, jetzt sieht es aber so aus, als ob …

Lilly Genau das haben die mir auch gesagt. Regt euch ab, ich ge- 25
höre nicht zu dem Laden.

Petra Versteh ich nicht.

Lilly setzt sich.

Lilly Das hier ist ein Casting.

Petra Aber ich hab doch eine Zusage gekriegt, das ist Fakt. 30

Lilly Das ist eine Endauswahl.
Haben die euch das in der Verwaltung nicht gesagt? Klar nicht,
echte Wichser. Ich hab die gefragt. Ich hab mir schon gedacht,
dass da irgendein Haken bei ist, war zu einfach, so geht das
nicht. Na okay. 35

Maren Was heißt denn das?

Lilly Ist doch nicht so schwer.

Eine von uns dreien wird es.

Falls nicht noch mehr kommen.

Petra Vielleicht sollen wir das ja alle drei zusammen machen.

Lilly Zwei fliegen raus, basta.

Lilly holt ihr Handy heraus, geht ein paar Schritte abseits, telefoniert.

Lilly Ich bin jetzt da … Taxi, sonst hätte ich es nicht mehr geschafft … Quittung hab ich … ja, doch ein Casting … drei … weiß nicht … mal sehen … Ciaociao

Maren Scheiße.

Petra Da könnte auch so langsam jemand kommen, einen so warten zu lassen.

Maren beginnt nervös auf und ab zu gehen.

Lilly packt ihr Handy wieder ein, nimmt sich einen Kaffee.

Petra Was kostet denn so ein Kaffee, steht da was?

Lilly Kannst dich einfach bedienen.

Petra Das Obst da auch? Ich hab mir nämlich im Zug nichts geholt, das ist immer so teuer.

Lilly Alles spendiert, Begrüßungsgeschenk.

Sogar die Südfrüchte.

Maren *zu Lilly* Sag mal, weißt du, wie das so läuft?

So ein Casting?

Lilly Ist auch mein erstes, läuft aber ganz unterschiedlich, was man so hört.

Und, klingt jetzt vielleicht blöd, aber wir wollen denselben Job.

Weißt, was ich meine, oder?

Ich brauch jetzt auch noch ein kleines Chill out.

Sie setzt sich einen Kopfhörer auf, schaltet den MP3-Player ein. Maren geht zurück zum Sofa, Petra isst einen Apfel.

Petra Egal, oder? Was zum Erzählen ist es so oder so.

Maren schenkt sich einen Kaffee ein, zögert, stellt ihn wieder ab.

Maren Das könnte ruhig mal losgehen, mich macht das irgendwie nervös.

Petra Ein Casting, wie das klingt.

Maren Das müssen die einem doch sagen.

Petra Die werden uns schon nicht den Kopf abreißen oder so.

Lilly Kannst du mal ein bisschen leiser reden oder so?

Helles Kameralicht, ein Jingle, die Offvoice/OV schaltet sich ein. 5

OV Okay, hallo, super, dass ihr da seid, alle drei haben das Studio gefunden, der Rest ist ein Kinderspiel, okay, kleiner Scherz.
Wir hatten euch einen Prakti losgeschickt, aber der ist verschütt gegangen, sorry for that, okay, ich bin Arno von der Regie, ich werde euch gleich mal erklären, wie das hier so läuft und was 10
Sache ist.
Wir gehen das alles ganz locker an, macht euch keinen Stress, wir müssen hier noch ein paar Sachen checken, Tasten sortieren, die Regler durchzählen, things like that, Geduld, macht's euch gemütlich, cool bleiben. 15

Maren sieht sich suchend um.

Maren Wie ist das denn? Machen wir das alle zusammen?

OV Immer nach vorne, da ist die Kamera, okay?

Maren Okay.

OV Bisschen Musik solange? Als warm up? 20

Petra Ja, klar, super.

Lilly Nein.

Maren Ich brauch das auch nicht.

OV Ihr seid die Show, wir drücken bloß die Knöpfe, it's all yours. 25
Wir sind gleich wieder da, see you.

Stille, Maren beginnt Sprechübungen zu machen.

Lilly schminkt sich nach, Petra macht ein paar Dehnungsübungen.

Lilly Was gibt das denn?

Maren Ist gut für die Artikulation. 30

Petra Machst du Theater oder so?

Maren Ja, in der Schule.

Lilly Und du? Problemzonengymnastik?

Petra Jazzdance.

Lilly Ihr seid echte Cracks, was? 35

Maren *zu Petra* Ich warte draußen, sagst du mir Bescheid, wenn es losgeht?

Lilly Jetzt sei doch nicht gleich eingeschnappt. Das war ein Witz, das ist meine Art, auf Touren zu kommen.

OV Alles klar, alles im Griff, es kann losgehen.

Erst mal Glückwunsch von uns allen, ich kann euch verraten, wir hatten eine Menge Demos, no shit, aber nur bei euch dreien haben wir alle wow! gesagt. Ihr drei habt das, was wir brauchen, und das ist credibility.

Wir wollen keine Hochglanzmodelabziehbilder, sondern Leben live, Leute, die ihre eigenen Styles flashen, die genauso sind wie die posse da draußen, Generation @ Personalities, die ihre eigene Denke haben, keine Spaßbremsen mit Plastikcharme, sondern Persönlichkeit und Präsenz.

Und das haben wir auf euren und nur auf euren Tapes gesehen.

Dafür erst mal ein fetter Applaus.

Applaus wird eingeblendet.

Okay, wir probieren mal ein paar Sachen durch, ganz easy.

Ich weiß, das ist irgendwie uncool, es nur mit 'ner Kamera zu machen, aber das ist der Job.

Wir sehen es uns hier auf dem Screen an, da muss es rüberkommen.

Wenn die rote Kanne da leuchtet, läuft die Maz, dann seid ihr auf Sendung.

Lilly Wie sieht das Format aus?

OV Überraschung.

Ich sag nur mal: Alles, was angesagt ist, alles, was läuft, aber mit Kultfaktor sieben plus.

Lilly Mit linksdrehender Milchsäure.

OV *lacht* Du hast es erfasst.

Okay, wir fangen an.

Who are you? Basics, erzählt doch einfach mal, wer ihr seid. Maren?

Maren Ja?

OV Mach doch mal ein kleines Intro.

Maren Also wer ich bin, nur sagen jetzt mal oder …

OV Up to you, schmeiß dich rein und wichtig:
Locker bleiben!

Maren Also so über mich? 5

OV Okay, Maz ab.

Das rote Licht beginnt zu leuchten. Maren geht einen Schritt nach vorne, weiß
offensichtlich nicht, wie sie beginnen soll.

Maren Ja, also, ich bin Maren Terbuyken, ich wohne in Hamm,
das ist bei Dortmund, ich bin am 29. Juli 89 geboren, also Löwe, 10
meine Hobbys sind Theaterspielen, Lesen, ich find Umweltschutz sehr wichtig …

OV Okay Maren, alles prima.
Aber denk mal weniger Bravo Kontaktbörse, sondern Intro,
präsentier dich, bring dich rüber. 15
Du machst die Sendung, wegen dir sitzen die Leute vor dem
Teevee, es ist deins, mach's uns, verrückt, abgefahren, was du
willst, okay?

Maren Okay.

OV Wir hauen einen kurzen Jingle rein, dann legst du los. 20

Maren will anfangen, ein Jingle. Sie setzt erneut an.

Maren Hallo Leute, ich bin Maren, hallo und willkommen, ich
find's klasse, dass ihr dabei seid … willkommen bei Creeps, der
neuen Sendung, ich bin aus Hamm, ich bin siebzehn und Löwe
… *Sie stockt.* 25

OV Viel besser, Maren, viel besser, wir lassen das mal so stehen,
okay, ist ja nur die Schnupperrunde.

Maren Okay.

OV Super Bingo und die volle Punktzahl für den Einstieg, relax.

Maren Ich würde gerne noch mal was probieren. 30

OV Wir machen noch eine Menge Sachen, Maren.
Power dich nicht aus, geh es locker an, okay?

Maren Okay.

Lilly *macht eine Geste* Wer von uns beiden?

Petra Ich würde gern was machen. 35

OV Klar.

Petra Was Verrücktes. Egal. Ich mach das mal.

Kann ich Musik haben?

Musik wird eingespielt, Petra tanzt eine kleine Nummer, geht dann ein paar
Schritte nach vorne.

Petra Leute, das ist der Supersound, den ihr ab jetzt immer hier hören könnt, wir haben die Topcharts, die heißesten Abtanznummern und alle News, die euch wirklich interessieren.

Ich bin Petra aus Chemnitz oder, wie die richtigen Insider sagen, KM[1] Stadt, kultig und modern, die heißeste Stadt im wilden Osten.

Ich grüße alle Clubbers da draußen!

Hier ist die Miss Big Apple, jetzt für ganz Deutschland, ich und die Jungs hier präsentieren euch die neuesten Megatrends, alles, was läuft, hier ist immer was los bei Creeps, und ich sag euch, bleibt dran, wir liefern euch die Stars, die Bands und jede Menge Musik und los!

Sie macht noch ein paar Tanzschritte, Pose.

OV Große Klasse, Petra, du hast echt Power.

Petra Danke, vielen Dank, hat auch echt Spaß gemacht.

Lilly Willst du noch auf den Händen laufen oder kann ich dann?

OV Okay Lilly, wir sind mächtig gespannt.

Sie geht nach vorne, setzt sich eine Sonnenbrille auf.

Lilly Wir können anfangen.

Das rote Licht leuchtet. Lilly zeigt auf die Kamera.

Lilly He du, ja du, ich rede mit dir.

Leg die Fernbedienung weg.

Du bist genau da, wo du hinwolltest.

Du bist bei Creeps!

Du wolltest doch in die high energy zone, wo du dir die Charts und die wirklich wichtigen News runterladen kannst.

Dazu jede Menge Tipps, Tratsch und die Trends fürs aktuelle

---

1 Chemnitz wurde 1953 anlässlich des Karl-Marx-Jahres in Karl-Marx-Stadt umbenannt. Nach der Wende, 1990, entschied sich die Bevölkerung, ihrer Stadt den alten Namen Chemnitz zurückzugeben.

Millennium. Update for your brain.

Creeps – denn ein einziger Wirkstoff genügt!

Hör genau zu, wir sagen dir, wo es langgeht.

Ich bin Lilly, merk dir mein Gesicht, und wenn du morgen in einen Club gehst und ich bin nicht da, dann weißt du, dass der Laden out ist.

Lilly, merk dir den Namen.

Wir sortieren alles aus, was du nicht wissen musst. Wir zeigen dir die street und club wear, mit der du am schärfsten aussiehst, Lillys choice, darauf könnt ihr euch verlassen.

Wenn du heute wissen willst, worüber die Szene morgen spricht, hör einfach zu.

Wir haben die Stars, die News und die Zauberwörter, die du brauchst für den urban jungle, live aus Hamburg City.

Creeps, wir sind die Guten, und jetzt leg die Ohren an, schieb den Couchtisch weg, du brauchst Platz zum Tanzen, hier kommt der Sound von morgen, einer der Tracks, für die man die Repeattaste erfunden hat!

OV Große Klasse, Lilly.

Ruf! Mich! An! Kleiner Scherz, okay.

Vielleicht noch ein paar facts über dich?

Lilly Wen interessiert denn das.

OV Der human touch, Lilly.

Lilly Mein erster Hamster hieß Henri, den hat mein Bruder im Klo runtergespült. Touchy enough?

OV Alles klar, Lilly.

Maren Ich würde es gern noch mal probieren.

OV Na klar, Maren. Wir machen ein Interview, alright?

Maren Okay.

OV Lilly, du hast die facts ja gehört. Maren ist dein erster Studiogast, mach doch mal einen talk, okay?

Lilly zögert.

OV Problems?

Lilly Könnte ich die Eckdaten noch mal haben, Maren? Ich hab nicht so genau zugehört.

OV Zuhören ist die halbe Show, Lilly.

Wir werden eine Menge Gäste haben.

Lilly Ja, schon klar.

Petra Kann ich das machen?

5 **OV** Klar doch, Petra.

Lilly setzt sich.

Petra Hallo Maren, find ich echt toll, dass du heute bei mir im Studio bist.

Du bist ja extra aus Hamm zu uns gekommen.

10 Da ist ja bei Dortmund, da geht es zum Rave ja bestimmt immer in die Clubs vom Kohlenpott.

Maren Ja, klar.

Petra Und? Hast du eine Lieblingslocation?

Maren *lacht nervös* Eigentlich nicht.

15 **Petra** Du bist ja Löwe, die sind ja sehr offen, sehr engagiert und so. Bist du ein typischer Löwe?

Maren Ja, ich engagiere mich im Umweltschutz.

Ich glaube, das ist extrem wichtig, gerade wenn man sieht, wie wir mit der Erde umgehen, da muss auch jeder für sich was ma-

20 chen.

Petra Biotonne und so.

Maren So Sachen.

Petra Du hast ja 'ne echt kultige Kette um, was ist denn das?

Maren Ein Mondstein, der fördert positive Energie.

25 **Petra** Und der hilft auch?

Maren Ja.

Petra Super.

Sag mal, Maren, hast du 'nen Musikwunsch oder so?

Maren *zögert* Nein, so speziell eigentlich nicht.

30 **Petra** Dann gucken wir doch mal in den neuen Video von Puff Daddy rein.

OV Große Klasse, alle beide.

Wir sehen uns das hier mal an, zaubern ein bisschen und schicken es euch dann rüber, okay?

35 Also, Akku laden, gleich geht's weiter.

16

Das rote Licht geht aus.

Petra War das okay für dich?

Maren Ja, war okay.

Lilly Petra, hör mal, halblang, ja?

Das war eigentlich meine Runde. Ich weiß ja nicht, wie das   ₅
bei euch da drüben läuft, aber so munter vordrängeln ist
nicht.

Wir können das auch auf die harte Tour machen.

Petra Du wolltest doch nicht.

Lilly Ich sollte das Interview machen.   ₁₀

Maren Also wenn du mir nicht zuhörst.

Wenn du es nicht nötig hast, mir zuzuhören.

Lilly Ja, entschuldige, dass ich dir nicht fasziniert zugehört habe.

Maren Wir haben hier alle die gleichen Chancen.

Das hier ist nicht nur dein Casting.   ₁₅

Lilly Dann hör auch auf, ständig zu fragen, ob du es noch mal
machen darfst.

Sie schnipst.

Ich! Ich! Ich, Herr Lehrer.

Petra Ich habe mich überhaupt nicht vorgedrängelt.   ₂₀

Maren Jeder macht hier sein Ding.

Lilly Kommt immer drauf an, wie viel Raum er sich dafür
nimmt.

Lillys Handy klingelt, sie geht ran.

Lilly Ja hallo … ich weiß nicht, ob ich das noch schaffe … schick   ₂₅
mir die Nummer als SMS, ich stell jetzt ab … erzähl ich dir
nachher … Ciao Ciao

Petra Ich hab mich nicht vorgedrängelt.

Maren Ist das jetzt schon entschieden?

Lilly hat inzwischen ihr Handy abgestellt, setzt sich zu den anderen.   ₃₀

Lilly Vergessen wir das, okay?

Petra Okay.

Lilly *zu Maren* Hey, versuch doch mal ein bisschen locker zu sein,
okay?

Maren Ich bin locker.   ₃₅

Lilly Dann möchte ich dich mal sehen, wenn du nervös bist.

Maren reagiert nicht.

Lilly Ich hab's nicht so gemeint.

Petra Machen wir uns einfach einen Spaß draus.

5   **Lilly** Okay.

Petra Bist du hier aus Hamburg oder so?

Lilly Hamburger Deern, immer gewesen.

Lilly parfümiert sich mit (Sheisedo Wellness Duft o. Ä.).

Petra Tolle Klamotten.

10 **Lilly** Prada.

Ein Tipp, geh nie mit einer credit card in einen Prada Laden. Immer nur Bargeld, abgezählte Scheine und nur mit Freunden, die du nicht anpumpen kannst.

Petra Nehmen die keine Kreditkarten?

15 **Lilly** Klar doch, das ist ja das Problem.

Maren Ich geh mal ein bisschen auf den Flur.

Maren geht raus.

Lilly Die ist aber derbe drauf, was hat die denn?

Petra Ich find sie voll nett.

20 **Lilly** Nett, klar, nett sind wir alle.

OV Okay, ready steady go, es geht wieder los.

Maren kommt wieder herein, das Licht im Studio zieht herunter.

Videoeinspielung:

Musik, Schriftzug: MAREN. SEVENTEEN!!

25 *Man sieht Marens Gesicht close up, im Hintergrund wird leise der »Earth Song« von Michael Jackson eingespielt, dann Zoom, Maren mit Petra auf dem Sofa, blue screen/Green box grüne Wiesen, blauer Himmel, freeze, offvoice Petras Intro, bei »locations« der Wechsel auf blue screen Clublicht/Rave, bei »Löwe« ein loop, Einblendung eines Löwenlogos, Sternenhimmel, wieder Ma-*

30 *rens Gesicht, lachend, Gespräch über Umweltschutz zu Naturbildern, Über-blendung zu Video »Earth Song« Marens Stimme über Effekt sehr nah, sehr intim, wie ein Appell.*

Auf die Frage nach einem Musikwunsch nur Marens Gesicht, danach Video Earth Song Refrain, fade.

35 **Petra** Mensch, das kommt ja richtig klasse.

OV Und Maren? Okay?

Maren Okay.

Lilly Kann ich mal mein Tape sehen?

OV Das war in Ordnung, Lilly.

Lilly Na ja, ich meine, ich hatte noch nicht so richtig aufgedreht, 5
wenn ihr wisst, was ich meine.

OV *lacht* Dont't forget, immer an die Zielgruppe denken, Lilly.

Lilly Unterschätz die mal nicht, Onkel Arno.

OV Alles klar, Lilly, damit sind wir schon bei der nächsten Runde.
Was kannst du denn besonders gut? 10

Lilly *lächelt* Moderieren, dafür bin ich ja schließlich da, oder?

OV Petra?

Petra Na ja, das klingt immer so blöd, was man gut kann.
Meint ihr, was ich gerne mache oder so?

OV Ja klar. 15
Was willst du denn gerne zeigen, worauf bist du stolz.

Petra überlegt.

Lilly Kein hardcore, denk an die Zielgruppe.

Petra Was?

Lilly War ein Scherz. 20

Petra Na ja, vielleicht ist das jetzt urst blöd, aber ich hab mal
einen beauty contest gewonnen, Miss Big Apple, aber das war
mehr so aus Scheiß.

OV Das klingt ja scharf, erzähl doch mal.

Petra Da gibt's nicht viel zu erzählen. Wir haben getanzt und so. 25

OV Und so, und so … da stecken immer die guten storys. Im Bi-
kini auf dem Catwalk? So was in der Art oder mehr naturbelas-
sen? True nature? Grass roots? Schaumparty?
Nur mal so off the records gefragt, so ein Gruftie wie ich träumt
ja auch mal gerne, ist ein Kompliment. 30

Petra So was war das nicht.

OV Okay, just kidding, ich hab ja was über solche Events, aber das
können wir hier leider nicht machen. *lacht* Okay, du tanzt doch
gerne, Petra, oder?

Petra Ja, voll gerne. 35

OV Kannst du auch so ein bisschen die Hiphop-Schiene?

Petra lacht verlegen.

Petra Ich war mit unserer Clique letztes Jahr auf der Love Parade.

Sie spricht es »loov pared« aus. Lilly lacht, Petra ist irritiert.

OV Wir haben kurz ein technisches Problem.

Die OV schaltet sich aus.

Petra Was ist denn?

Maren Love parade.

Petra Ist doch egal, ihr wisst doch, was ich meine, oder?

Wenn sich die OV wieder einschaltet, merkt man noch das Nachzittern eines Lachanfalls in Arnos Stimme.

OV Voll auf den Punkt, okay, Petra.

Genau richtig, so ein Street Kid vom Mega Event des World Rave.

Zeig uns doch mal, wie du da abgetanzt hast.

Petra lacht verlegen.

OV Einfach mal was Verrücktes machen, okay?

Petra Ich kann das mal probieren.

Maren Und ich?

OV Cool down, Maren, wir haben dich nicht vergessen.

Maren Theater spielen, das mach ich gerne.

Lilly Du kommst schon noch dran.

OV Also, fangen wir an.

Petra zieht ihren Pullover aus, hat darunter ein silbernes Top an.

OV Lilly, mach doch mal eine Anmoderation, love parade, ein trailer, Liveschaltung, so was in der Art.

Und du, Petra, lass dich einfach in die Musik fallen, den Rest machen wir, ihr wisst ja, wir können zaubern.

Maren Und ich?

Lilly Mann, du nervst!

OV Sieh's dir einfach mal an, Maren.

Atmo und Maz ab!

Lichtwechsel, Techno, Lilly nimmt das Mikro.

Lilly Hallo Chicks, wir sind drin, hier ist wieder Lilly für euch, und ganz ehrlich, ich weiß nicht, wer mir da draußen eigentlich noch zuhört, ich glaube so ziemlich alles zwischen Laufstall und Rollstuhl ist heute auf den Beinen.

Das ist die größte Party aller Zeiten, future 2000 ist hier und nur hier! Das ist der Flash des Jahres. ·5

Einschalten, abschalten, ausschalten und hochschalten!

Planet Rave, West und Ost auf 180 bpm.

Hier bei mir ist Petra, and I tell you it's a Zoni, und sie hat den Groove, seht es euch an.

You're not in the fight club, your're just in the right club, hier ist 10 PePePetra, K-M-techno!

Bis gleich aus der Tanzzone, wir lieben euch, see you!

Lilly legt das Mikro wieder hin, Petra tanzt, Lichteffekte.

OV Ihr seid genial, absolut genial.

Okay, leider gleich zurück in die Mühlen der Technik, unser 15 Prakti! Shame!

On! You!

hat die Maz zu früh gestoppt.

Petra, gibst du uns noch ein bisschen Tanz?

Wir brauchen da einfach noch ein bisschen Material. 20

Petra Ja klar.

OV Ist nur ein Problem, Musik schneiden ist ziemlich heavy, wir machen das ohne Sound, okay?

Aber den Beat kann man sich ja gut merken, oder? Kleiner Scherz. 25

Petra Na gut.

OV Noch was. Kannst du irgendwas rufen?

Die love parade ist megageil oder so?

Petra zögert, tanzt dann in der Stille unsicher ein paar Schritte.

Petra Die love parade ist voll gut! 30

OV Du hattest das vorhin schöner, loof pared war irgendwie authentischer.

Petra tanzt ein paar Schritte, Lilly kann nur mühsam ein Lachen unterdrücken, Petra bricht ab.

Petra Es heißt aber love parade. 35

Sie geht zum Tisch, nimmt sich einen Apfel, setzt sich, isst, Stille.

OV Okay Petra, ich mach nur Vorschläge, relax, chill out.

zu Maren Jetzt könntest du doch mal wieder fragen, was mit dir ist.

5   *Maren reagiert nicht.*

OV Maren?

Maren steht auf.

Maren Ja?

OV Theater, gute Sache, jemand anderes sein, machen wir. Mach
10   doch mal eine Ansage im Stil von Lilly, mal so als Rolle. Traust
    du dir das zu?

Maren So schwer kann das ja nicht sein.

Lilly Ach ja? Da bin ich ja mal gespannt.

Maren nimmt sich das Mikro.

15   **Maren** Thema?

OV Up to you, Maren. Hauptsache, es knallt. Maz ab.

Das rote Licht geht an, Maren überlegt noch einen Moment.

Maren Ja hallo Leute, hier ist wieder eure Maren, der megageile
    Kotzbrocken aus Hamburg City,
20   denn ein einziger Würgstoff genügt.
    Kleiner Scherz.
    Okay, ich hab hier eigentlich einen Studiogast, eine Hambur-
    ger Deern, die euch mal erklären wollte, wie man einen Batzen
    Geld für zwei T-Shirts anlegt, ohne dafür in ein Irrenhaus ein-
25   geliefert zu werden.
    Aber gerade klingelt ihr Handy, Mami fragt, welche Farbe das
    Taxi haben soll, das sie gleich zur Kosmetikberatung bringen
    wird.
    Also warten wir noch ein bisschen auf die Tipps, wie man das
30   Großhirn am geschmackvollsten mit Geldscheinen tapezieren
    kann.
    Bis dahin Musik.

Maren knallt das Mikro auf den Tisch, setzt sich wieder.

OV Alright Maren, real Punk, real hardcore.
35   Wir gehen zaubern, bis gleich.

Stille.
Petra Möchte noch jemand einen Sprudel?
Maren nickt, Petra steht auf, schenkt ein, Lilly zündet sich eine Zigarette an.
Petra Hier ist Nichtraucher.
Lilly Wieso, hier darf man doch alles, oder? 5
Hier macht jeder, was er will, egal ob man darf oder nicht. Ist doch egal, Hauptsache, es knallt. Hauptsache, man kann so richtig zeigen, wie primitiv man sein kann, wie verkorkst, wie abgefuckt, wie zerfressen von Komplexen. Wenn das der Stil ist, der hier angesagt ist, darf ich doch wohl rauchen, oder? 10
Maren Rauch doch.
Lilly Also wenn es dich nicht stört, dass ich rauche, mache ich die Kippe sofort aus.
Petra Mich stört es.
Maren stellt Lilly ihr Wasserglas hin, Lilly wirft die Zigarette hinein. 15
Lilly Danke.
Maren Nichts zu danken.
Lilly Stimmt auch wieder.
Stille.
Petra Hätte ich das machen sollen mit dem Tanzen und dem 20
Spruch und so?
Lilly Ist doch scheißegal.
Petra Ich hab nicht dich gefragt.
Maren Ist schon okay.
Stille. 25
Petra Das ist doch voll übel, wir können doch nicht aufeinander rumhacken, wir müssen das doch gemeinsam machen. Also ich scheiß drauf.
Soll doch Spaß machen, oder?
Stille. 30
Petra Wenn Konrad und ich Zoff haben, dann sagen wir nach 'ner Zeit immer, dass wir uns anschreien, ganz laut.
»Du bist Scheiße!«, oder so,
und dann müssen wir immer lachen.
Lilly Ist das dein Freund? Konrad? 35

Petra Ja.

Lilly Und ein richtiger Supertyp.

Maren Du hast wohl gar nichts kapiert, was?

Lilly Ach, ich soll hier was kapieren?

5 Da ist so 'ne Art Crashkurs Respekt und Biomüll, was? Psycho-fango, Schlammschlacht mit Heilerde, von deutschen Landei-ern frisch auf den Tisch, oder was.

Maren Hör mal zu …

Lilly Du willst den Job, hab ich kapiert.

10 **Petra** Jetzt hört auf, aufhören!

Lilly Dann ruf doch, dass ich Scheiße bin, vielleicht muss ich ja lachen. Maren, du nicht, du hast es ja schon gesagt, ich hab nicht lachen müssen, komisch.

Maren Einstecken hast du nicht gelernt, was?

15 Höchstens Kreditkarten.

Lilly Du wirst ja immer witziger.

Petra Seid doch mal stille! Maren, du auch.

Lilly Mal sehen, ob du einstecken kannst.

OV Okay Leute, Film ab.

20 *Lichtwechsel, Petra tanzt, eingekeyt in Bilder der love parade, danach Bilder von Maren mit der Stimme von Petra.*

OV Kleine Spielerei, *mit heiserer Stimme* Frankenstein!

Okay, genug geblödelt, jetzt wird's ernst, die Funrunde ist vor-bei, ihr könnt performen, haben wir gesehen, jetzt mal eine

25 Personalityrunde.

Keine Sorge, wird nicht wehtun.

Wir werden ja Studiogäste haben, und da wollen wir ja auch ein bisschen was über die Leute wissen. Hardware können wir zau-bern, Software läuft von Mensch zu Mensch.

30 Who are you, nicht die facts, real talk, attitudes.

Tell me how you feel.

Okay, Lilly, willst du das Interview führen?

Lilly Klar.

OV Okay, Maren, deine Runde, okay?

35 **Maren** Worum geht es da?

Lilly Das lass mal meine Sorge sein.

Maren Ich will wissen …

OV Okay, Maz ab.

Lichtwechsel, ein Jingle.

Lilly Ja, hallo Maren, live bei uns im Studio. 5
Wir haben ja vorhin im Porträt gehört, dass du dich für Umweltschutz engagierst, dich mit Esoterik beschäftigst, Theater … ich habe so den Eindruck, dass du versuchst, den Dingen auf den Grund zu gehen.

Maren Ja, ich finde es wichtig, dass man nicht nur auf die Ober- 10
fläche achtet, in der Gesellschaft und auch bei Menschen, mit denen man es zu tun hat, sondern dass man rauskriegt, was das für ein Mensch ist, dass man sich respektiert, sich von Ängsten befreit und versucht, hinter die Maske zu sehen.
Das ist extrem wichtig. 15

Lilly Also weg von den Lügen, der Verstellung, den Trends …

Maren Genau.

Lilly Wo ist denn da die Gefahr für dich?

Maren Dass man sich irgendwann mit diesem Modezeug verwechselt und nicht mehr weiß, was man wirklich will. 20

Lilly Und warum bewirbst du dich dann bei einer Show, die Mode, Musik und Trends vermitteln will?

Maren schweigt, sieht irritiert in Richtung Kamera.

Lilly Weißt du es nicht?

Maren Ich will etwas bewegen, ich habe gerne mit Menschen zu 25
tun, dass man über Sachen reden kann.

Lilly Was sagt denn deine Familie dazu?

Maren Meine Mutter … die … ja … ja, mal sehen. Ist das wichtig?

Lilly Und in der Schule drücken alle kräftig die Daumen? 30

Maren schüttelt den Kopf, sie beginnt zu zittern.

Maren Doch. Schon. Ich weiß nicht.

Lilly Aber dein Freund, oder?

Maren Hab ich nicht.

Lilly Ist okay. 35

Ich finde es echt mutig, dass du so ganz ohne Unterstützung dein Ding durchziehst.

Letzte Frage: Sag doch mal, warum glaubst du, dass du für diesen Job richtig bist.

Maren *zur Kamera* Ich will diese Frage nicht.

OV Das ist doch eine gute Frage, oder?

Stille.

Maren Weil ich …

Sie bricht ab, Stille.

Lilly Okay, und jetzt Musik. Danke, Maren.

Maren steht auf, geht zurück zum Sofa, Petra steht auf.

OV Okay, Petra, interviewst du Lilly?

Petra setzt sich, Jingle.

Petra Unterstützen das deine Eltern, dass du dich beworben hast?

Lilly Vielleicht stell ich mich erst mal kurz vor.

Ich bin Lilly Marie Teetz hier aus Hamburg, aber nenn mich einfach Lilly. Hallo Petra.

Petra Hallo Lilly.

Lilly Ich hab schon immer mit Medien zu tun gehabt, mein Vater ist art director bei … 'ner ziemlich guten Adresse. Ich interessiere mich für Mode, ich mag Musik, das passt alles wunderbar zusammen, also, warum nicht.

Petra Hast du einen Freund?

Lilly Ich will mal in den Staaten Journalismus studieren. Da lohnt es sich nicht, hier noch ein Herz zu brechen, long distance-Beziehungen, da hat keiner was von, höchstens die Telekom.

Petra Und was für Musik hörst du gerne?

Lilly *zur Kamera* Das ist doch ein bisschen öde, oder?

Wollen wir nicht was Verrücktes machen, Petra?

Petra Ja, klar.

Lilly Machen wir es auf Englisch?

Petra überlegt.

Petra What music are your hearing?

26

Lilly At the moment I don't hear any music at all.

But I like Triphop. Next question.

Petra Why do you think you do the job here good?

Lilly Because my English is good enough for outstanding interviews with international superstars. Thank you. 5

OV Und gleich weiter in die nächste Runde.

Maren, machst du das Interview mit Petra?

Maren schüttelt den Kopf.

OV Kein Problem, wir machen das später.

Wir haben da auch schon mal eine Menge Material, wir haben 10
viel über euch erfahren.

Jetzt mal ein Päuschen.

Wenn ihr in die Kantine wollt, zweite Tür links und dann den
Pfeilen nach, oder rechts runter, hinter der ersten Tür rechts
haben wir ein bisschen frische Luft für euch besorgt. Hängt ein- 15
fach mal ein bisschen ab, das ist ja alles auch irgendwie anstrengend, oder? Auch wenn es einen Riesenspaß macht, unter uns,
mein Nikotinpegel hängt im Keller.

Baut euch auf, ihr seid super.

Ich drück euch, bis gleich. 20

Stille.

Petra Warum hast du das gemacht?

Lilly Was denn? Das englische Interview?

Ganz einfach. Copy kills. Nur meine Fragen nachplappern ist
ein bisschen arm. 25

Petra Warum lässt du es mich nicht auf meine Art machen? Es
war meine Runde.

Lilly Musik, was? Was wäre denn dann gekommen? Lieblingsfarbe? Schönstes Ferienerlebnis?

Dann mach lieber »Einsame Herzen«. 30

Petra Du wolltest mich doch nur …

Lilly Jetzt lass mal die gequälte Ossiseele stecken. Wenn du dir das
Interview aus der Hand nehmen lässt, bist du falsch für den Job,
alte Journalistenregel.

Dranbleiben, es ist deine Nummer. 35

Maren Jetzt tu doch nicht so!

Lilly Mit dir rede ich gerade nicht.

Maren So eine Arroganz hab ich noch nie erlebt, so eine Gemein-
heit, du eitle Schnepfe, Hauptsache du, egal, was andere Leute
5   machen …

Lilly *laut* Das ist ein Casting! Hier geht es um einen Job!
Kriegt ihr das nicht in die Birne?
Das ist keine Klassenfahrt mit Schnitzeljagd, das ist ein Job beim
TV für Acht im Monat, Markenklamotten frei Haus, Home sto-
10   rys, Vip lounge, Trips zu allen Events, das ist ein knallhartes
Ding.
Was wollt ihr denn in der Sendung machen? Sackhüpfen?
Ihr müsst mal checken, dass ihr was bringen müsst!

Maren Darum geht es doch nicht, du verlogenes Miststück, das
15   weißt du genau!

Lilly Worum geht es denn? Worum?

Maren Diese Scheißfragen nach meiner Mutter, nach der Schule,
du hast mich reingeritten, mit voller Absicht.

Lilly *schreit* Du stehst doch auf Theater, dann mach doch einen
20   auf Kelly Family, dann lüg doch.
Das ist denen doch scheißegal, ob deine Eltern geschieden sind
oder nicht, lass doch die Psychokacke. Wo ist denn das Problem,
wenn du ein Loser in der Schule bist, ist das meine Schuld?
Soll ich dich aufbauen? Ich?
25   Nachdem du mich so übel angeschissen hast? Ich?
Du blöde Votze, ist das mein Problem, wenn du kaputt bist?
Maren geht auf Lilly los, ohrfeigt sie, Lilly schreit.
Petra geht dazwischen.
Maren will wieder zuschlagen.
30   **Petra** Aufhören, sofort!
*Petra trennt die beiden, Maren bricht zusammen, beginnt hysterisch zu heu-
len.*

Lilly Bist du verrückt? Du bist ja total verrückt!!
Du gehörst doch in die Klapse!!
35   **Petra** Halt die Schnauze! Hau ab! Lass sie doch in Ruhe!

28

Lilly Die soll mich in Ruhe lassen!

Lilly schnappt ihre Tasche, setzt sich in die Ecke, wühlt in ihrer Tasche, holt den Player heraus, die Zigaretten, sucht das Feuerzeug u. Ä.

Petra geht zu Maren.

Petra Das kannst du doch nicht machen. 5

Maren Hau ab, lass mich in Frieden, das kapierst du nicht.

Petra Ich will ja nur …

Maren Das kapierst du nicht!

Petra Das ist doch nur … ich meine … klar, ich hab auch gedacht, dass ich es bin … aber so voll ernst darf man das doch 10 nicht nehmen, oder?

Maren Das geht schief, das weiß ich. Aus. Vorbei. Gelaufen.

Kaputt … weg … fertig … erledigt … jetzt ist es passiert.

Oh Scheiße, und ich hab gedacht, ich schaff das noch. Jetzt ist es schlimmer, es ist noch schlimmer … 15

Sie beginnt zu hyperventilieren, ein Würgereiz.

Petra Ruhig, Mensch Maren, du musst ins Bett, leg dich hin oder so.

Maren beginnt auf und ab zu laufen.

Maren Mein Kopf, jetzt geht das wieder los. 20

Petra geht zu Maren.

Petra Komm, leg dich hier auf das Sofa, oder geh ein bisschen was raus an die frische Luft.

Ich sag denen, dass du krank bist und dass du andermal kommst, oder so. 25

Maren Nein! Nein! Alles, bloß das nicht.

Ich kann nicht noch mal … ich muss das heute. Unbedingt, sonst ist alles gelaufen.

Ich kann nicht zurück, wenn das heute nicht … ich zieh das durch und dann ist alles egal … 30

Maren setzt sich aufs Sofa, schlägt sich mit beiden Händen auf den Kopf, immer stärker.

Petra Hör sofort auf damit!

Maren Ich muss mal aufs Klo … muss mal gucken, wo das ist, muss hier ja eins sein … ich guck mal, wo das ist. 35

Sie geht zur Tür.

Maren Sag mir, wenn es weitergeht, ja?

Unbedingt, du musst mir das sagen, bitte, ja?

Petra Ja, klar.

5 *Maren geht nach draußen. Stille. Lilly setzt den Kopfhörer ab, packt den MP3-Player ein.*

Petra Was hat die denn?

Lilly Kaputt im Kopf.

Stille.

10 **Petra** Und du?

Lilly Was ist mit mir?

Petra Bist du okay?

Lilly Lass stecken, brauchst mich nicht trösten, ja?

Ich komm schon klar, komm prima alleine klar mit so einem
15 Zeug.

Petra Die ist richtig fertig.

Lilly Klar, ich hab eins in die Fresse gekriegt, aber die ist fertig.

Petra Aber du hast doch gesehen.

Lilly Ist schon okay, hab es im Griff.

20 Ich hab's immer im Griff.

Stille.

Lilly Scheiße, ich hab gedacht, das wird echt easy.

Ich hab mir gesagt, bleib cool, egal, was läuft, und jetzt das.

Petra Aber du bist doch cool.

25 **Lilly** Klar doch, im Vergleich zu der da, klar.

Stille.

Petra Soll ich mal nach der gucken?

Lilly Was willst du denn machen?

Petra Weiß nicht.

30 **Lilly** Du hast echt eine soziale Ader, was?

Stille.

Petra Die braucht den Job wirklich.

Stille.

Lilly Und du?

35 **Petra** Was, ich?

Lilly Brauchst du den Job?

Petra Ich weiß nicht, ich hab halt gedacht, irgendwie hab ich nie dran geglaubt, ich will ja eigentlich nicht weg aus KM, aber so mal eine Zeit, ich hab ja 'ne Lehrstelle, bin ja auch heilfroh, die wäre dann ja weg, also so gesehen, aber dass man mal was erlebt, bevor es losgeht. 5

Lilly Was losgeht?

Petra Na ja, mit Konrad, das ist schon irgendwie fest, aber dass man mal rauskommt, ich wollte eigentlich Hotelfachfrau, da kommt man ja auch rum, aber ist schwer, das wollen alle, Büro- 10
kauffrau ist auch nicht schlecht, aber mal was anderes als Club Chaplin und Big Apple, obwohl das klasse ist mit der Clique, die sind alle in Ordnung, also geht die Welt nicht unter, wenn das nicht klappt, ich weiß auch nicht, ob ich mich im Westen wohl fühle, klingt blöd. 15

Stille.

Lilly Bei solchen wie mir.

Petra Nein, so meine ich das nicht.

Lilly Sag es ruhig.

Petra Ich weiß auch nicht, ich hab mir das alles, also wenn man 20
das so sieht, da denke ich halt, das ist doch mal gut, so eine Weile raus, so leben, also nicht für immer, aber mal was anderes, mal eine eigene Wohnung, Zweiraum, mehr nicht, also von der Sache her mal so eine Zeit für sich. Ich weiß auch nicht. 25

Stille.

Lilly Ist doch noch alles drin, oder?

Petra Glaubst du?

Lilly Ich muss noch ein bisschen abschalten, ja?

Lilly holt ihren MP3-Player aus der Tasche. 30

Petra Die kommt nicht wieder.

Lilly Die kommt, und wenn sie den Kopf unterm Arm hat.

Lilly setzt den Kopfhörer auf. Petra nimmt sich ein Glas Wasser. Maren kommt wieder herein.

Maren Entschuldigung. Hat es … hab ich dir wehgetan? 35

Lilly schüttelt den Kopf, Maren reibt sich die Schläfen.

Lilly packt eine Packung Aspirin aus, wirft Maren eine Tablette in ihr Wasserglas, setzt sich wieder in die Ecke.

Maren Ich mach gleich dein Interview, Petra, ja?

5 Das machen wir, okay?

Petra Ja klar. *zu Lilly* Vergiss, was ich gerade gesagt habe.

Lilly Wieso?

Petra Nichts, war nur blöd.

Lilly Schon klar, aber so was mache ich nicht, klar?

10 *Stille.*

Maren Ich hab 'ne verschleppte Grippe, tierische Kopfschmerzen, bin einfach ein bisschen runter, okay?

Stille.

Lilly Ihr haltet mich echt für ein Arschloch, stimmt's?

15 **Petra** Nein. *zu Maren* Wollen wir uns was Verrücktes ausdenken für das Interview?

Maren Was Verrücktes, ja klar.

Stille.

Lilly Ihr könnt doch … ich meine, soll ich euch einen Tipp

20 geben?

Stille.

Lilly Muss ja nicht.

Maren Doch, bitte.

Lilly Macht es doch als Tagesablauf, ganz schnell.

25 *Sie schnippt.*

Acht Uhr. Neun Uhr. Das ist mein Tag.

Wochenende, vom Aufstehen bis zum Abtanzen.

Petra Ich weiß nicht.

Maren Doch, klingt gut. Danke.

30 **Lilly** Ist okay.

Musik

OV Alles frisch?

Dann geht es gleich rein in die nächste Runde.

Lilly, machst du das Interview mit Petra?

35 Kurz, knallig, du weißt schon.

Petra Aber das soll doch Maren machen.

OV Wir wollen doch nicht verbiestert sein, oder?

Ihr könnt alle noch jede Menge Sachen machen, keine Sorge, okay?

Also Lilly, schärf die Krallen. 5

Lilly Das ist nicht meine Runde.

OV Mädels, wir machen den Job schon ein Weilchen, wir wissen, wie es läuft, okay?

Wir sind heiß, wir wollen was sehen, und zwar von dir, Lilly.

Petra kommt langsam nach vorne und setzt sich. 10

Maren steht unvermittelt auf, geht zu ihrer Tasche, holt einen kleinen Kassettenrecorder heraus, kommt nach vorne.

Maren Ich möchte … ich habe was vorbereitet, ein Lied.

Ich bin dran, ich will das jetzt machen, ich muss nicht das Interview machen, aber ich bin dran, das Interview kann Lilly dann 15
machen, das ist okay, ist okay.

Petra *leise* Maren, lass doch.

Maren wird immer hektischer, holt ein Tape aus ihrer Tasche, versucht es einzulegen, wird dabei immer nervöser.

Lilly *leise* Was gibt das denn? 20

Maren Bitte, ihr müsst mich das jetzt machen lassen, sofort.

Lilly Hör zu, ich mach das Interview, geh raus, wir rufen dich, dann machst du deine Sache.

Maren Nein, ich mach das jetzt, jetzt, sofort!

OV Okay, warum nicht. 25

Maren hat das Band eingelegt, schaltet es ein.

Klavier-Backings sind zu hören, sehr übersteuert.

Maren Ihr könnt die Maz jetzt einschalten.

Maren beginnt zu singen.

Whitney Houston, »I'll always love you«. (alternativ: Celine Dion: My heart will 30
go on.)

Sie singt voller Inbrunst, anfangs noch sehr gut, singt im Weiteren immer expressiver, verliert die Begleitung, steigert sich in das Lied hinein, bei den Kadenzen verrutscht ihr die Melodie, sie brüllt fast, ein lang gehaltener Schluss-
ton. 35

Sie bleibt regungslos stehen, auf dem Band hört man noch leise Gesprächs-
fetzen, dann ist es still.

Lilly hat sich abgewendet, Petra starrt Maren unverwandt an, steht nach eini-
ger Zeit auf und schaltet den Kassettenrecorder aus und setzt sich wieder.

5 **Lilly** *schreit* Macht doch die Maz aus!

Das rote Licht geht aus. Maren nimmt ganz ruhig ihren Kassettenrecorder,
packt ihn wieder in ihre Tasche, setzt sich aufs Sofa. Stille.

OV Danke, Maren.

Können wir jetzt das Interview machen?

10 *Petra sieht Lilly an, die sich nicht rührt.*

OV Okay, Petra, hast du eine Idee?

Petra Also. Ich könnte erzählen, wie ein Tag bei mir aussieht oder
so.

OV Okay, Petra, Maz ab.

15 *Das rote Licht geht an. Petra versucht im Folgenden immer wieder, ihren Talk*
zu rappen.

Petra Also sieben Uhr, ich steh auf.

Wir wohnen in einer Vier-Raum-Wohnung Platte in Chem-
nitz-Neustadt. Frühstück mit meinem Bruder Ernst, also Ernie,

20 der lernt KFZ-Schlosser, ist zwei Jahre älter als ich, Papa schläft
länger, seit er nicht mehr raus muss.

Also.

Ich fang noch mal an.

Sieben Uhr Wecker, raus aus den Träumen, Frühstück, hallo

25 Ernie.

Halb acht los zur Arbeit, roboten, ich mach Bürokauffrau,
cooler Job, coole Lehrstelle, also okay, der Westchef ist voll
nett, kümmert sich, klasse Leute. Was soll ich denn da erzählen?

30 Egal. Also.

Freitagabend, Wochenende ruft, vier Uhr fällt der Hammer,
ab nach Hause, um sechs kommt Konrad, Videos gucken, ich
mach mich schick.

Abendbrot, also meistens bis acht. Also.

35 Acht gehen wir dann raus, Ernie auch, wir sind in einer Clique,

Konnie ist ein Freund von Ernie, egal, nein.

Also. Acht auf die Piste, wir treffen uns im Club Chaplin, da sitzen wir dann, machen nicht viel, so reden, was los ist und so. Okay.

Also.

Elf Uhr, ab ins Big Apple, das ist der beste Laden, also da gehen wir eigentlich immer hin, wenn nicht ein Konzert ist oder so, also Big Apple ist schon ziemlich schau, einwandfrei, vor elf kann man da nicht hin, also Tanzen, ich tanze gern, stundenlang, wisst ihr ja, egal, also ab zwölf.

Nein.

Zwölf.

Der Laden ist voll, die Musik stimmt. Tanzen.

Die anderen Mädchen müssen los, ist schon spät.

Wenn Ernie bleibt, darf ich auch bleiben. Tanzen.

Ein Uhr. Zwei Uhr.

Konnie tanzt nicht. Guckt gern zu. Reden. Tanzen. Vor allem Tanzen.

Um zwei nach Hause. Oder drei.

Papa ist meistens noch wach.

Konnie und er trinken noch einen zusammen.

Kann dauern. Ich geh ins Bett.

Stille.

Ich fang noch mal an. Geht das?

Ich wollte das anders machen.

So klingt das so, ich weiß nicht, ich hab falsch angefangen oder so.

OV Ist okay, Petra. Das sind die facts.

Jetzt wollen wir was über dich erfahren, über KM Stadt, das volle Programm.

Petra Was denn?

OV Deine Clique, was ist denn mit denen?

Petra Die sind nett.

OV Bei euch in der Platte geht doch bestimmt die Post ab, oder?

Petra Nee.

OV Was macht ihr denn, wenn ihr so nachts auf Tour seid?

Petra Hab ich eben gesagt.

OV Kein Stress mit den Bullen?

Wegen Randale, Graffiti, solche Sachen?

Petra schüttelt den Kopf.

Oder mit einer anderen Gang? Kerle, die euch blöd kommen, irgendwelche Arschlöcher, die man mal aufklatschen muss?

Petra Mit solchen Leuten will ich nichts zu tun haben.

OV Klar, klar, will keiner. Aber es gibt sie doch, oder?

Petra Arschlöcher? Klar gibt's die, gibt's doch überall, oder?

OV Bloody right. Und in KM Stadt ist doch die Hölle los, oder? Hast du doch gesagt. KM ist doch real hardboiled, oder?

Petra Versteh ich jetzt nicht.

OV Was weiß ich, irgendwelche Wessis, die es raushängen lassen, oder Glatzen, die durchticken, solche Typen, da läuft doch eine Menge, gerade in der Kante, post industrial landscapes, Fabrikruinen, Feuer in alten Ölfässern, oder mit der aufgemotzten Karre die Piste runter, Crash kids, Musik hochgezogen bis zum Anschlag, oder? Mensch Petra, du weißt doch, was ich meine, du willst es mir nicht sagen, right?

Petra So was gibt es bei uns nicht.

OV *lacht* Petra, hör zu, du bist eine Superfrau, weißt du, du hast so was Direktes und ich find es auch echt süß, dass du deine Leute schützen willst, aber irgendwie musst du auch dazu stehen, dass du aus dem Osten kommst.

Ich meine, wir wissen, was da läuft. Das ist nicht so voll die heile Welt, right? Du hast doch was durch, dieses ganze neue Leben, du brauchst uns nicht den Wessi zu faken, du musst auch zu der Scheiße stehen, die da läuft.

Da steckt ja auch eine Sehnsucht in der ganzen Gewalt und Verzweiflung da drüben.

Die Hirnwäsche, der Druck und so, und auf einmal seid ihr im Überfluss, ich red ja nicht von Bananen, ich meine das feeling, neue Werte, all that stuff.

36

Da steckt doch irgendwo auch eine Kraft, oder?

Die spür ich doch bei dir, Petra.

Mach doch mal deine Seele auf.

Petra hat mit wachsender Wut zugehört.

Petra Jetzt ist gut, ja? 5

Was glaubst du denn, wie wir leben.

Wir sind jetzt sechzehn Jahre Westen, ja?

Ihr habt doch keine Ahnung, wir sind doch keine wild gewordenen Affen, nee, nee, nicht auf die Tour.

Ich lass mich doch hier nicht verarschen, da könnt ihr euren 10 Scheiß alleine machen, ich hab auch meinen Stolz, ich mach meine Sachen, ich lass mich doch hier nicht abstempeln, nee, nee, ihr habt doch keine Ahnung, nee, ihr immer, da müsst ihr euch das erst mal angucken, bevor ihr die Fresse aufreißt, was bin ich denn hier, ich mach euch doch hier nicht den doofen 15 Ossi, ich bin da gern, ich leb da und Schluss, aus die Maus, ich hab gesagt, wie ich lebe, ihr habt doch ein Brett vorm Kopf, und zwar ein so dickes, das ganze Wessigelaber, nee, nee, ich hab doch mit Glatzen nix zu tun, so könnt ihr mir nicht kommen, das sind alles einwandfreie Leute, da lass ich nix drauf kom- 20 men und wilder Osten und Trabbis und gefährlich und den Scheiß, nee, nee, ich mach hier mein Zeug und wenn es euch nicht passt, so was von, von nix 'ne Ahnung!

Sie setzt sich, trinkt einen Schluck Wasser, zieht ihre Jacke wieder an.

Stille. Das rote Licht geht aus. 25

Petra So, dann kann ich ja jetzt gehen.

So eine Scheiße, nee.

Stille.

Lilly Das ist echt ziemlich krass.

Petra Jetzt fang du nicht auch noch an! 30

Auf so was hab ich keinen Bock, nee, mach ich halt meine Lehre. Scheiße. Mach du das doch, das passt auch, macht ihr das doch unter euch aus.

Lilly Jetzt hör doch endlich mit dem Scheiß »Ihr« auf.

Petra Das muss man sich doch nicht gefallen lassen. 35

Lilly Jetzt reg dich doch mal ab.

Wir haben es ja kapiert.

Stille.

Petra Das war's dann.

5 **Maren** *zu Lilly* Jetzt hast du den Job.

Acht im Monat, Events, Klamotten, alles.

Lilly Ist doch noch nicht raus.

Maren Hör doch auf.

Petra Sag es doch, ist doch Fakt, weißte doch.

10 **Lilly** Möglich.

Stille.

Maren Gratuliere, hast du prima hingekriegt.

Lilly Maren, eine Sache, ja? Und ich sag's im Guten, nicht als
Fertigmache. Wenn du weitermachen willst, wenn du irgend-
15 wie dabeibleibst, dass du zum Fernsehen musst:
Komm von dem Krampf runter, das nervt.
Du strahlst Krampf aus, Krampf im Körper, Krampf im Hirn,
und deshalb wirst du immer wieder auf die Fresse fallen, das
gebe ich dir schriftlich.
20 Und vor allem, wenn du so was wie das hier machen willst. Hier
haben sie am wenigsten Bock auf Leute, die ausrasten.
Ich meine, okay, dass du auf mich los bist, forgiven, aber wie du
Amok läufst und nur mit dir selbst beschäftigt bist, ist einfach
oberscheiße und uncool.
25 Das kommt jetzt vielleicht gemein, aber irgendwie scheint dir
das sonst keiner zu sagen.

Maren Danke.

Lilly Klär einfach mal, was dein Ding ist. Ökoschiene, die ganze
Attitudes, alles in Ordnung, nicht mein Ding, aber okay, aber
30 dann zieh es durch, verkauf es, steh dazu, das ist wichtig.
Lauf nicht wie angeschossen durch die Gegend.
Hier geht es nicht um Verständnis, eigentlich nirgends.
Piep Piep Piep, wir ham uns lieb, das ist Siebziger, durch, vorbei.
Was bin ich, wo will ich hin, wie komm ich hin, du musst gutes
35 Material sein.

38

Ich mach mir keine Illusionen und meine Privatscheiße geht
keinen was an.

Petra Nee, das kann doch nicht …

Lilly Kann doch, aber hallo.

Was ist das hier? Was? Happy Hippos? 5

Das ist la grande Verarsche.

Da kannst du nicht gegen anhotten, Miss Big Apple.

Das macht keinen Spaß oder so. Das sind keine netten Kerle, das
ist eine Branche, und zwar eine von der toughen Sorte, die hätten
Kleinholz aus euch gemacht. Seid froh, wenn ihr hier raus seid. 10

Schlechtes Karma, Westen essen Seele auf.

Ihr seid hier so was von der falschen Fete.

Ich mach das ein halbes Jahr, dann nichts wie weg, next Step,
Absprung schaffen, timing, same player shoots again.

Glaubst du, ich hab Bock, in fünf Jahren Kaufhausfunk zu ma- 15
chen? Ding Dong, Fleischwurst im Angebot.

So läuft das hier.

Wenn du das nicht checkst, ist das eine Nummer zu groß für
dich. Lass dich hier nicht kaputtmachen.

Maren Du checkst es, ja? 20

Lilly Damit eins mal klar ist: Du hättest das sowieso vergeigt,
hundert Pro. Das ist nicht meine Schuld.

Maren Du hast das Leben im Griff, ja?

Lilly Lass stecken, Maren. Ich entschuldige mich nicht dafür, dass
ich einen guten Background und vielleicht ein bisschen mehr 25
Knete habe als ihr, das ist scheißegal.

Aber die Haltung muss stimmen, der Durchblick.

Maren Weißt du, was passiert, wenn ich nach Hause komme? Mit
meiner Mutter, die allen erzählt hat, dass ich beim Fernsehen
bin? Allen? Meine Maren ist doch nicht die blöde Nuss, die in 30
der Schule durchrasselt und die man zum Schulpsychologen
schicken muss. Nein, die ist beim Fernsehen, die haben angerufen, sie hat es geschafft!

Dabei weiß sie noch nicht mal, dass ich wieder hängen blei-
be. Die dreht durch, verstehst du? Die dreht original durch, ich 35

kann nicht mehr zurück. Da ist alles auf dem Tisch, alles! So sieht es aus.

Die hat alles aufgegeben, damit sie mich durchkriegt, was hätte die denn machen sollen, allein, die hat alles getan und dann bringe ich's nicht.   Das war meine letzte Chance, kapierst du?

Ich will wissen, ob du das kapierst!

Lilly Jetzt schalt mal runter, cool down.

Maren Ich hab nichts mehr hingekriegt, nichts, mir dreht es die Birne weg in der Schule, die bringt sich um, ich hab ein Loch im Kopf, black out, und Mama flippt aus, die ist so enttäuscht von mir, ich hab doch Verantwortung für die, ich bleib noch mal hängen, kapierst du und dann krieg ich den Job hier, in letzter Minute und jetzt ist das gelaufen.

Weißt du, was das heißt, den Job nicht zu haben?!

Stille.

Lilly Kannst du nicht mit der reden?

Maren Du hast es nicht kapiert.

zu Petra Hast du es kapiert?

Stille.

Petra Du gehst nicht mehr nach Hause, oder?

Maren Nein, ich geh nicht mehr nach Hause.

Stille.

Maren *zu Lilly* Und warum machst du es?

Du hast es doch nicht nötig, oder?

Lilly Ich mach das ein halbes Jahr, dann schmeiß ich es hin, hab ich doch gesagt. Dann mach ich Abi und studiere Journalistik.

Maren Warum machst du es?

Lilly Praxis, Nahkampf, Erfahrungen sammeln.

Maren Ich will wissen, warum du es machst.

Stille.

Geld scheffeln? Berühmt sein?

Lilly Hör doch auf.

Petra Warum?

Stille.

40

Lilly Ich kann so lange raus, wie ich will, ich muss nur das Handy angeschaltet lassen. Ich kann mit dem Taxi von hier bis Wunderland fahren, ich kann die Quittungen meinem Vater geben. Wenn ich in den Ferien arbeiten will, ruft mein Vater irgendwo an und ich habe einen Superjob.

Ich komm überall rein, wenn ich meinen Namen sage, und wenn ich ein Volontariat machen will, muss ich nur mal husten. Kapiert?

Maren Nein.

Lilly Das hier ist meins, verstehst du?

Stille.

Lilly Es ist so beschissen, dämlich, unter Niveau: meins. Nur meins. Kapiert?

Maren Ja.

Lilly Ich will, dass die Respekt vor mir haben, dass ich es bin, Lilly Marie, zufällig Teetz, aber nur zufällig.

Petra Vielleicht holst du uns ja mal als Studiogast.

Stille.

Petra Ich weiß nicht, warum die gerade uns zusammengepackt haben, das frag ich mich.

Fragst du die das mal?

Oder ich frag, wenn ich gleich gehe.

Maren Und was machst du?

Petra Ich fahr zurück.

Maren Und dann?

Petra Nichts dann. Konnie holt mich vom Zug ab, er wird fragen, wie es war, er wird Saulaune haben, hat er immer, wenn es ihm scheiße geht, von wegen wie das wird, ich in Hamburg, dass ich ihn nicht mehr kenne, wenn ich beim Fernsehen rummähre und so.

Ich werde sagen, dass ich es nicht mache, weil ich nicht so weit weg von ihm sein will oder so, dass die Scheiße sind und ich bleiben will. Ich denk mir da schon was aus.

Dann gehen wir zu mir, meine Eltern sind mit dem Stand in Zwickau auf dem Markt und kommen erst spät.

Wenn Ernie nicht da ist, werden wir miteinander schlafen und dann ins Chaplin, großes Hallo, ich muss erzählen, dann zu meinen Eltern.

Wie sind die denn da beim TV, na ja, dann geht es so weiter, ist ja auch egal oder so.

Lilly Ich weiß ja nicht, wie lange das hier für mich dauern wird, aber wenn noch Zeit ist, können wir ja noch in die Stadt, einen Kaffee trinken.

Maren Ich hab Zeit, viel Zeit.

Petra Also ich will gleich zurück, ich will …

Die Offvoice ist zu hören, mitten in ein Gespräch reingeschnitten, jemand ist auf die Gegensprechtaste gekommen.

OV *gackernd* … oder unsere Hanseatenzicke, das Gesicht, close up, Hey Lilly of the valley, wir haben uns entschieden, wir drehen dir einen Henkel in den Kopf und verklappen dich bei den teletubbies, mach mal ah-oooh!! … aber voll sexy *Gelächter* Und wisst ihr was? Wenn das Vatertier mal wieder die Leitung vollsülzt, sagen wir einfach: Herr Teetz, beruhigen Sie sich, alles im grünen Bereich. Ihre Tochter ist gebucht, all down the Elbchaussee und der Frotteepuschel von Gucci *Gelächter* Super, super!!!! …

Die Übertragung bricht abrupt ab.

Stille.

Keine der drei rührt sich.

Lilly steht auf, läuft auf und ab, Petra und Maren rücken zur Seite, Lilly setzt sich zu ihnen auf das Sofa. Stille.

Lilly Gibst du mir mal meine Tasche?

Maren und Petra stehen auf, kurzer Moment, Petra setzt sich wieder, Maren geht zur Tasche und hebt sie auf.

Lilly Oder nur die Zigaretten.

Maren holt die Zigarettenschachtel aus der Tasche.

Maren Feuer hast du?

Lilly Muss auch drin sein.

Maren sucht das Feuerzeug, bringt dann Zigaretten und Feuerzeug. Lilly nimmt sie, steckt sich eine Zigarette in den Mund, bekommt das Feuerzeug nicht an, versucht es einige Male, wirft dann das Feuerzeug in hohem Bogen

gegen die Wand, spuckt die Zigarette aus. Petra hebt sie auf, steckt sie wieder
in die Packung, will aufstehen, um das Feuerzeug zu holen.

Lilly Lass liegen, einfach liegen lassen.

Petra steht auf und hebt das Feuerzeug auf, legt es auf den Tisch. Stille. Nach
einiger Zeit Musik.

OV Okay, hier sind wir wieder, wir haben eine Menge durch, jetzt
kommt die Schmuserunde, we are one family, einmal was für
alle zusammen, was immer ihr wollt, grande finale sozusagen.

Das kann alles sein, was ihr wollt, moderiert, tanzt, umarmt
euch, singt, tanzt, irgendwas, wo ihr euch richtig wohlfühlt,
macht was Verrücktes, oder erzählt zusammen eine Geschichte, ihr wisst schon, was ich meine, oder?

Schmeißt euch rein, diese Runde gehört euch, ich schenke sie
euch, ihr wisst, wo ihr verschieden seid, ihr habt euch kennen
gelernt, jetzt zeigt mal, wo ihr zusammen seid, einfach Mädchen von heute, was euch verbindet, all together now, und ich
verrate nicht zu viel, wenn ich sage, dass hier alle von euch
ziemlich begeistert sind.

Aber das sollt ihr gar nicht wissen, egal, also.

Musik? Blue Screen? Braucht ihr was?

Keine der drei rührt sich.

OV Super, pur, authentisch, so kennen wir euch.

Lasst euch Zeit.

Stille, keine rührt sich, die rote Lampe geht an.

OV Wir sind gespannt.

Stille, nach einiger Zeit steht Lilly auf, geht nach vorne.

Lilly Drei Chinesen mit dem Kontrabass
Saßen auf der Straße und erzählten sich was.
Kam die Polizei und fragt, was ist denn das?
Drei Chinesen mit dem Kontrabass.

Stille.

Droi Chinoisen moit doim Kointraboiss
Soißen oif doir Stroiße oind erzoilten sich wois
Koim doi Polizoi oind froigt, wois oist doin dois
Droi Chinoisen moit dem Koitrabaoiss.

43

Sie will wieder zurückgehen. Petra steht auf, geht zu Lilly.

Petra/Lilly Dree Cheneesen meet deem Kentrebeess
    Seeßen eef deer Streeße eend erzeehlten seech wees
    Keem de Pelezee end freggt, wes est denn dees
5   Dree Cheneesen meet dem Kentrebess.

Maren kommt dazu.

Maren/Petra/Lilly Draa Chanaasen maat dam Kantrabaass
    Saaßan aaf da Staaßa aand arzaahlten saach waas
    Kaam da Palazaa and fraagt, was ast daan daas
10   Draa Chanaasen maat dam Kantrabaass.

OV Okay. Super, echt voll witzig, gute Nummer, hab ich seit Ewigkeiten nicht mehr gehört.

Maren/Petra/Lilly Droo Chonoson mot dom Kontroboss
    Soßon of dor Sroßon ond orzohlton soch wos
15   Kom do Polozoo ond froogt, wos ost donn dos
    Droo Chonoson mot dom Kontrobooss.

OV Okay, gecheckt, super.

Die drei singen immer neue Variationen, steigern sich dabei immer mehr, werden aggressiver, rotzen den Text heraus.

20 **OV** Gute Sache das, wirklich.

Die drei singen immer weiter.

OV Okay, reicht, haben wir im Kasten.

Die drei brüllen den Text nur noch.

Maren/Petra/Lilly Driii!!Chinisin!!!miit!!!Dim!!!Kintribiiss!!!
25 **OV** Okay!!

Die drei hören auf, das rote Licht geht aus. Sie setzen sich wieder.

Lilly Okay, das zum Thema Arno und die Wichser.
    Und jetzt geht es rund, aber so was von.

Sie sucht ihr Handy.

30 **Petra** Was gibt denn das?

Lilly Ich hab meinem Alten verboten, seinen Arsch da reinzuhängen.
    Der soll endlich checken, dass ich erwachsen bin!

Lilly wählt, wartet.

35   Los, geh endlich ran!

Maren Du rufst doch von dem Handy an, das er dir geschenkt hat, oder?

Lilly Ja, und?

Maren Und er zahlt die Einheiten, oder? Und das Taxi, mit dem du hinfährst, um ihn zur Sau zu machen, auch? Machst du doch mit Quittung, oder?

Lilly Ist das wieder irgendwas, was ich kapieren muss, oder was?

Maren Ich sag ja nur.

Lilly legt das Handy wieder weg.

Petra Was machen wir denn jetzt?

Petra Lilly, sag doch mal.

Lilly Nehmen wir den Laden hier auseinander, dann kommen sie schon.

Maren Jetzt komm mal runter, Lilly. Hast du dir etwa Illusionen gemacht? Du musst gutes Material sein.

Lilly Okay, Punkt an dich.

Petra Sind die jetzt abgehauen oder so?

Maren Die hören uns bestimmt zu.

Lilly Also, machen wir ein bisschen Stunk, okay?
Hee! Arno! Süßer!
Wir machen den Job nicht, kapiert?

Maren So doch nicht.

Lilly So trete ich hier nicht ab.

Petra Du bist Scheiße!

Lilly Die gute alte Nummer mit deinem Supertyp, was? Klappt immer, was?

Petra Arno!

Maren Los, wir hauen ab, das bringt doch nichts. Ich will hier raus und dann denk ich mir was aus, wie es weitergeht.

Petra Jetzt lass dich doch nicht so hängen.

Lilly Hörste? Sogar die Zone muckt auf, nur der Kohlenpott hängt durch. Jetzt ziehen wir es auch durch.

Maren Was wollt ihr denn?

Petra Ich will den Arsch einmal sehen.

Lilly Dann kriegt er noch authentisch eins vor den Koffer geschissen und dann hauen wir ab.

Petra Arno!

Lilly Wenn du noch ein bisschen abhängen willst, kommst du halt noch zwei Tage bei uns ins Gästezimmer, okay?

Maren Mal sehen. Danke.

Lilly Hey Arno!
Drei Mädchen warten sehnsüchtig auf dich, lass uns noch mal deine Superstimme hören!

OV Ich bin ganz Ohr.

Lilly Das Casting ist gelaufen, klar?

OV Klar ist es das.

Lilly Du checkst ja richtig was.

OV Klar doch.

Lilly Genug gezaubert.

OV Klar.

Petra Wir wollen den Job nicht.

OV Ihr wart super, wirklich.

Maren Wir machen es nicht.

OV Ihr habt es doch gemacht.

Petra Was?

OV Ihr seid es.

Lilly Lass stecken, ja? Die Nummer ist durch, bye bye.

OV Ihr seid Creeps. Ist ein Kompliment.

Maren Ich gehe jetzt, ich kann das nicht mehr hören.

OV Ihr wart unser bestes Material bisher.
Sternstunde, wirklich, sagen alle.

Lilly Ihr könnt euch andere Moderatoren suchen, wir haben die Schnauze voll.

OV Okay, jetzt kommt erst mal ein bisschen runter, ihr braucht nicht mehr aufzudrehen, die Kamera läuft nicht mehr. Wir haben ein tape, aus dem wir einen verdammt guten Clip zaubern können, ist alles dabei, die bunte Knabbermischung: fun and emotion, Tränen, Wut.

Maren Kapiere ich nicht.

OV Wir haben jetzt nur einen kleinen rough mix hingekriegt, auch Zaubern dauert seine Zeit, wollt ihr mal einen Blick reinhören? Film ab.

Lilly setzt sich, danach Petra und Maren.
Das Licht geht aus. Videoeinwand.

Es folgt ein Trailer aus Zitaten des Castings, auch aus den Offzeiten, kurze Clips der Moderationen, Tanznummern. Die Ohrfeige von Maren, ihr Zusammenbruch, unterlegt von Petras wütender Hassrede, alles sehr schnell geschnitten, geht langsam über in eine Remixversion von »Drei Chinesen«, dazwischen Schnipsel aus Dialogen, Lillys Arno! Rufe.
Eine perfekte kurze Nummer über drei sehr coole Frauen, Liebe, Hass, Statements, Texteinblendungen etc …

Wichtig ist, dass Maren, Lilly und Petra in diesem Clip nicht denunziert werden, ihre Aktionen sind das Material zur Herstellung von TV Personalities, also drei Mädchen in ihren Eigenarten, Material, welches sich zur Identifizierung eignet. Alle drei, durch den Filter eines Videoclips gesehen, der Glamour, den jeder Lebenslauf haben kann, wenn man ihn bewerben müsste, TV Wahrheit im Stil von Calvin Klein, die Wahrheit eines Bewerbungsfotos. Also keine Medienschelte, eher die Traumfabrik, die Wirklichkeiten als Kunstprodukt neu erschafft.

Gegen Ende des Clips wird der Schriftzug Creeps! eingeblendet, dann ein Mädchen, stilistisch zwischen Björk und Franka Potente.
Ansage *Hallo Leute, hier ist Kathleen, willkommen bei Creeps, dem neuen Livstylemagazin mit den etwas anderen Tipps.*
Black.

OV Kommt gut, oder? Wartet mal ab, bis wir das richtig hochgetunt haben.

Mädchen *off voice* Hallo Mädels, ich bin Kathleen, hi. Ich hab gerade hier oben in der Regie den Rough cut angeschaut, den die gezaubert haben, und ich muss sagen, ich bin total begeistert. Ihr seid so was von authentisch. Das wird ein super Trailer für meine Sendung.

OV Okay, danke Kathleen. Ich sag euch, Mädels: Der Clip läuft vor jeder Sendung und in jedem Werbeblock. Mit so 'nem Trailer und Kathleen als Moderatorin: Das zieht, das knallt, das toppt die Quote!

Ich meine: Klar, wenn ihr mal ein richtiges Casting machen wollt, solltet ihr vielleicht 'ne andere Schiene fahren, aber in Sachen Creeps, da war das voll auf dem Punkt. In zwei Monaten geht das über'n Sender. Macht euch auf 'n ziemlichen Hype gefasst: Das wird konkret Kult.

Maren, sag deiner Mutter, you're on TV, so fuck the rest.

Und Lilly: Nimms uns nicht krumm, du bist schwer zu knacken, danach warst du echt touchy, du weißt, was ich meine, oder? Küsschen für Daddy.

Übrigens, Petra:

Die Jungs von der daily soap sind ziemlich auf dich abgefahren. Wenn du Interesse hast, einfach rüber zu Studio drei »Hafenklinik«, anklopfen, die wissen Bescheid, denk drüber nach.

Wir hätten ja gerne noch 'ne Cola mit euch Superchicks getrunken, aber, no chance, in einer halben Stunde geht's schon weiter.

Kommt gut nach Hause, ich hoffe, es hat euch ein bisschen Spaß gemacht. Das macht zweifünf bar Kralle für jeden, könnt ihr euch in der Verwaltung abholen.

M F G, wir lieben euch, see you on TV.

Stille.

Lilly Was ist, gehen wir?

Maren *zu Petra* Machst du das?

Petra Ich weiß nicht.

Lilly Ich will hier raus.

Maren Ich auch.

Lilly Und, was machst du?

Maren Ich geh zum Zug.

Lilly Jetzt doch?

Maren Ich komm doch jetzt im Fernsehen, oder?

Lilly Klar tust du das.

Maren Du auch.

Lilly Ja.

Petra Was machst du?

Lilly Eigentlich müsste man …

Petra Was?   5

Lilly Vergiss es.

Maren Also?

Lilly Klingt vielleicht blöd, aber ich will jetzt fett einkaufen gehen.

Petra Ich komm noch kurz mit.   10

Maren Ich auch.

Lilly Wir haben ja jetzt Kohle.

Petra Zweifünf, oh Mann, das ist verdammt viel.

Lilly Beim TV ist das ein Hungerlohn, die sollen ruhig mehr abdrücken, wollen wir mal sehen.   15

Und dann renovieren wir uns die Nerven.

Maren Zwei T-Shirts, was?

Lilly Hundert Veleda Hornhautraspeln, was?

Petra Los, wir gehen.

Keine rührt sich.   20

Langsame Musikeinblendung: Radiohead: Creep/electric.

Das Licht wird langsam dunkler.

BLACK.

Materialien

Inhalt

Materialien

I Medienstars und Medienopfer – Das Unterhaltungsfernsehen

1 Die Jagd nach Aufmerksamkeit und das Diktat der Medien

Medien – Zeitungen, Radio und Fernsehen – sind zu einer Agen-
5 tur der Aufmerksamkeit geworden. Sie werben um die Gunst des
Publikums ebenso wie Politiker, Kaufleute, Naturwissenschaftler,
Architekten, Intellektuelle, die, um ihr Metier zu betreiben, auf
Beachtung, Bekanntheit, Akzeptanz und Bewunderung angewie-
sen sind.

10 Heute versuchen alle, die meinen, etwas zu sagen zu haben, sich
im harten Kampf auf dem Jahrmarkt der Aufmerksamkeiten zu
behaupten. Im Bereich der elektronischen Medien geht es in
einem harten Verdrängungskrieg um die Jagd nach Einschaltquoten. Dass Radio- oder Fernsehsendungen den Tagesablauf der
15 Menschen mitprägen oder gar deren ganze Aufmerksamkeit in
den Bann ziehen können, zeigte sich schon in den 50er Jahren in
der Bezeichnung von populären Krimis, Hörspielen und Diskussi-
onsrunden als „Straßenfeger", nach deren Beendigung die Urin-
und Wasserflut in den Kanalisationen regelmäßig anschwoll.

20 In den späten 80ern waren es vor allem die zahllosen Game- und
Quiz-Shows, die das Interesse der Zuschauer vereinnahmten. Ab
Mitte der 90er übernahmen die Daily Talks diese Marktposition.
Und seit neuem gehört die Quotenjagd mit seelischen Grenzer-
fahrungen zum festen Konzept der Fernsehsender. Adventure-
25 Shows beziehen ihren Thrill nicht zuletzt daraus, dass sie zusam-
mengewürfelte Gruppen von Menschen in klaustrophobische Situationen bringen. In Amerika wird das Interesse des Publikums
geweckt, indem diesem der Spiegel seiner Lebenssituation vor-
gehalten wird.

30 Die im Jahre 2000 populärste Show von Jerry Springer, die zwölf
Millionen Zuschauer an den Bildschirm lockte, „spielte" mit den
amerikanischen Sozialproblemen: Wertverlust der Familie, Al-

kohol, Rassenprobleme, Kriminalität, Arbeitslosigkeit in den untersten Schichten. Eine zusätzliche Attraktivität erhalten solche Sendungen, indem sie dramatische Zuspitzungen oder Folgen live und hautnah vorführen. Dreiecksgeschichten, bei welchen Männer und Frauen während der Sendung erfahren, dass ihre Partner noch weitere Beziehungen unterhalten, sind an der Tagesordnung. Sie arten gewöhnlich in Reaktionen gewalttätiger Natur aus.

Eine weitere Methodik des Kundenfangs ist die absatzfördernde Stromlinienförmigkeit und Entdifferenzierung von Filmproduktionen. Wenn ein Produzent die Wahl hat zwischen einem Liebhaberstoff ohne Vermarktungspotential und einem potentiellen Merchandising-Knüller, wird er sich für letztere Option entscheiden. Aus diesem Grunde wird beispielsweise Kinderfernsehen, das international verwertet werden soll, immer schnittiger und zweckmäßiger. So hat beispielsweise der Zeichentrickproduzent Gerd Hahn aus den Grimm'schen Märchen für den Geldgeber Greenlight Media ein „Grimm light" hergestellt, indem er sie so lange weichspülte, bis sie in allen 128 Ländern, in denen sie liefen, erfolgreich waren.

Die Allgegenwärtigkeit der Medien wird immer aufdringlicher. Publikumszeit wird über die stetig steigende Erscheinungshäufigkeit und Erscheinungsvielfalt von Zeitungen bis hin zur Bereitstellung einer Programm-Endloszeit vereinnahmt. In dieser bieten die verschiedensten Medienunternehmen jederzeit und überall, nachts im Auto, morgens am Frühstückstisch, abends im Wohnzimmer, attraktive Angebote für alle erdenklichen Situationen und Bedürfnisse an. Alle diese Strategien einer umfassenden Vereinnahmung und Rekrutierung von Medienkonsumenten verleihen den Medien eine Dominanz, der sich keiner, der etwas zu sagen hat oder bewirken möchte, entziehen kann.

Die zunehmend marketingorientierte Kolonisierung von Erlebenswelten führt zu einer Medienkultur, die für jene, die abseitsstehen, unverständlich wird und bei diesen einen „Bildungsnotstand" erzeugt: Sie verlieren ihre Kreuzworträtsel- und Smalltalk-Tauglichkeit. Politiker können nur unter der Gefahr des Verlustes von Wählerstimmen die publizierte öffentliche Meinung ignorieren. In der Wissenschaft greifen die Massenmedien aus der Überfülle hypothetischer Befunde einzelne heraus, die dann eine Bekanntheit und Glaubhaftigkeit erreichen, den sie als pure wissenschaftliche Ergebnisse in einer Fachzeitschrift nicht erlangen könnten.

Wissen, Vernunft und Gefühle werden von den Medien definiert. Und man hat sich dieser Definitionsmacht zu fügen. So muss sich ein Politiker jederzeit auf die Gefühlslage der Öffentlichkeit einstellen. Der Soziologe Frank Furedi bemerkte: „Mitzufühlen ist inzwischen kein spontaner Ausdruck von Emotionen mehr, sondern vielmehr ein Dogma, das uns moralische Teilhabe gebietet – man könnte es ‚emotionale Korrektheit' nennen. Verhaltensweisen, die von diesem gefühligen Konsens abweichen, werden inzwischen häufig als bösartig angegriffen und abgestraft."

Die Moral spielt in der öffentlichen Debatte eine immer größere Rolle, und zwar auf Kosten der nüchternen Beurteilung von Sachverhalten. Die moralische Empörung und auch das Gegenteil, die moralische Selbstzufriedenheit, sowie die Bewirtschaftung von Trauergefühlen werden zu einem wichtigen Faktor im Aufmerksamkeitswettbewerb. Sie werden sogar zum Maßstab. Wer sich beispielsweise beim tragischen Unfalltod von Prinzessin Diana dem gefühlsduseligen Konformismus entzog und der öffentlichen Betroffenheit sich nicht gebührend anschloss, riskierte, in seinem Umfeld irritiertes Unverständnis auszulösen.

Ein Einflussverlust des geschriebenen Wortes zugunsten des Audiovisuellen greift um sich und eine immer engere Symbiose mit den Massenmedien. Um deren Hunger nach Bildern und griffigen Gesten zu stillen, wandelt sich der Intellektuelle vom „leader d'opinion" in einen „dealer d'émotion" (Jean-François Sirinelli) und hält sich zunehmend an die Tugenden von Theatralisierung und Inszenierung.

Aus: Mario Gmür: Der öffentliche Mensch.
Deutscher Taschenbuchverlag, München 2002, S. 29–32. (gekürzt)

2   Strahlende Dummheit: das kommerzielle Unterhaltungs-
fernsehen

Was da so aus dem Bildschirm quillt an Rambazamba und Halli-
galli, an Brüsten, Blut und Blödsinn, an Firlefanz und Ficken, an
Tränen und Trallala, an „Allerweltsungewöhnlichkeiten": Die Ein-   5
schätzung vieler Intellektueller, dass das gängige (kommerzielle)
Unterhaltungsfernsehen dumm ist, macht oder hält, scheint von
etwa der Hälfte der Bürger durchaus geteilt zu werden – was
aber kaum jemanden davon abhält, davorzusitzen (europäischer
Durchschnitt: 200 Min. täglich) und dabei mittels der Fernbedie-   10
nung von Kanal zu Kanal zu hüpfen (durchschnittliche Verweil-
dauer bei einer Sendung in der BRD derzeit: 10–12 Minuten).
Bei den Erwartungen des Durchschnittszuschauers an das Fernsehen hat Unterhaltung bei weitem den Vorrang. Sie gilt als ein
Gegenteil von genauerem Nachdenken, Lernen und Langsamkeit   15
und hat die zwei Seiten der Erregung (Triebleben und Überle-
benskampf, spannend aufgemacht) und der Befriedigung (bei
etwas „Nettem", „Heiterem", „Schönem"). Das alles soll vorausset-
zungslos sein: Der Zuschauer will nichts „mitbringen", was beson-
dere Kenntnisse oder Wahrnehmungsfähigkeiten angeht. Er will   20
alles auf Anhieb sofort „mitbekommen".
Wie nehmen die kommerziellen Anbieter den Durchschnitts-
betrachter, „der die Quote bringt" und der einem Werbedruck
ausgesetzt werden soll, in seinen Unterhaltungserwartungen
wahr? Vier Facetten dieses Bildes sollen hier kurz aufgeführt   25
werden. Dieser Zuschauer gilt den Anbietern in der Tendenz als
A) ein nimmersatter „Gaffer", B) ein anhimmelnder „Fan", C) ein
spracharmer Spaßsucher und D) ein beflissener Kandidat für eine
„Augenblicksberühmtheit" durch kleine eigene Teilnahme.
A) Das Bild vom Gaffer und Schlüssellochgucker: Er will televi-   30
sionär so nah ran und so tief hinein wie möglich – nah ran an
Gesichter (oft von extremen Gefühlen verzerrt) und an das Triebleben (oft durch Absonderlichkeiten gekennzeichnet), tief hinein
in die anrührenden oder nervenkitzelnden Ereignisse (oft mons-

tröser Art) – und das alles bequem vom Fernsehsessel aus oder qua Seitenblick beim Bügeln. Dieser Schaulustige leidet an allmählicher Gefühlsabstumpfung und verlangt deshalb nach einer immer höher dosierten und immer schneller verabreichten Reiz-
5 zufuhr – wobei die Bildschirme auch Schutzschirme sind: Ich bin dabei, aber es betrifft mich nicht.

B) Das Bild vom „Fan": Das Unterhaltungsfernsehen braucht möglichst viele „Fans von …" und redet die Zuschauer unentwegt als solche an, wobei zwischen „harten" Fans (etwa von Fußballclubs
10 oder Rennfahrern) und „weichen" Hingabefans von Stars an den Show-Himmeln unterschieden werden kann. Im Unterschied zu Sternen (die selbstständig leuchten) benötigen Stars außerhalb liegende Lichtquellen, die sie anstrahlen – und dazu gehören ihre Fans, auf die der Abglanz des Abglanzes wieder zurückfällt. Fans
15 und Stars sind wechselseitig aufeinander angewiesen. Dabei ist das Verhältnis von Fans zu Stars durch eine eigentümliche distanzlose Distanz gekennzeichnet. Im Unterschied zum alten Sternengucker kann der moderne Fan sich dem angehimmelten Wesen qua Großaufnahme immer wieder bis auf wenige Zenti-
20 meter nähern und tief in die Augen blicken – und träumt doch davon, es zumindest einmal aus der Ferne „in echt", leibhaftig sehen zu dürfen, vielleicht ein Schild hochhaltend, wie viele andere Fans auch: „I love you".

C) Das Bild vom spracharmen Spaßsucher: „Spaß muss sein." Ob
25 dieser Spruch vielleicht paradox ist (das zwanghafte Zwanglose) oder Spaß auf Kosten anderer meint, schert den modernen, vom Unterhaltungsfernsehen gehätschelten Lachlustigen wenig. Der hat Fun offenbar zum ersten Menschenrecht erklärt und sich eine entsprechende Moral zurechtgelegt: Was Spaß macht, muss
30 erlaubt sein – zumindest im Fernsehen.

Spaß Schlag auf Schlag. Und alles, was nach Überlegung und feinerem Esprit riecht, wird als abgehoben oder dünkelhaft verdächtigt und verdirbt den Spaß. Zum Nachdenken will eigentlich nur die Werbung anregen: Was brauche ich noch, um fit for fun
35 zu sein?

Komik und Klamauk dienen im üblichen Unterhaltungsfernsehen nicht dazu, Situationen zu erhellen, Erkenntnisse zu bewirken oder neuen Sinn zu stiften. Sie dienen einem Amüsement, das sich im schillernden Immergleichen und Bekannten lachend und spracharm im Kreise dreht. Zwischen plappernden Entertainern und Filmhelden, die ohne viele Worte brutal für das Gute kämpfen, fristet die Sprache der televisionären Vergnügungsindustrie ein kümmerliches Dasein, verstümmelt und verhunzt.

D) Das Bild vom namenlosen Studiogast: Die kommerziellen Anbieter nennen es gerne eine Demokratisierung des Fernsehens, wenn immer mehr Alltagsbürger darin auftreten und die Gameshows, Talkshows und Reality-soaps bevölkern. Hier dürfen Belanglosigkeiten aufgeblasen werden. Hier feiern oft körperlich-seelischer Exhibitionismus und Voyeurismus derb-fröhliche Brüderschaft, unterstützt von Geltungs- und Klatschbedürfnissen. In diesen Shows wird schlicht davon ausgegangen, dass „rohe Emotionen" echter und ehrlicher sind als feinere und dass „nackte Wahrheiten" wahrer und interessanter sind als verbogene.

Warum reißen sich so viele Menschen darum, im Fernsehen alles Mögliche mit sich machen zu lassen, sich zur Schau zu stellen, Risiken einzugehen, „vorgeführt" zu werden. Allerpersönlichstes preiszugeben (wobei mit der Zunahme der Bekennerkonkurrenz die Scham abnimmt)? Der Hauptgrund scheint in dem verbreiteten Bedürfnis zu liegen, einmal (auch leistungsunabhängig) „wer zu sein", eine Augenblicksberühmtheit. In einer Gesellschaft, die allenthalben Selbstverwirklichung in Aussicht stellt und anmahnt, wollen viele Menschen dadurch, dass sie in Shows alle Augen auf sich gerichtet fühlen, mal so richtig „gegenwärtig" sein, sich selbst eine gesteigerte „wirkliche" Wirklichkeit geben. Diese Wirklichkeit ist freilich bloß geborgt und verfliegt schnell, konserviert meist nur auf dem heimischen Videoband.

Unter dem gewaltigen Einfluss des Fernsehens, meint der Intelligenzforscher Joseph Chilton Pearce, sei das Ende der menschlichen Evolution gekommen. Weil die Gehirne (insbesondere die von Kindern und Jugendlichen, aber auch die von Erwachsenen) nicht mehr genügend stimuliert würden, weil die Potentiale unausgeschöpft blieben, weil die sinnlichen, sprachlichen, emotionalen und sozialen Fähigkeiten nicht mehr ausreichend entwickelt würden, ginge die Zukunft verloren; denn es könnte kein inneres Szenario mehr gebildet werden, um das äußere zu überschreiten, um entwerfen, planen und hoffen zu können. Homo stultus via TV?

Aus: Jürgen Wertheimer; Peter v. Zirna (Hrsg.):
Strategien der Verdummung. Infantilisierung der Gesellschaft.
Verlag C. H. Beck, München 2006, S. 42–44.

Mein Nachbar nervte – da hab ich zugeschlagen +++ Lieber schön und dumm als schlau und hässlich +++ Mein Busen ist der schönste +++ Alle Frauen sind käuflich +++ Nackte Tatsachen – ich kenne keine Scham +++ Ich kann nicht lesen und nicht schreiben, bin ich deshalb dumm? +++ Dicke in Dessous – das will ich sehen +++ Euch Knackis geht es viel zu gut +++ Ich hasse Kinder +++ Ich hasse meinen Bruder +++ Kondome – nein Danke! Ich lass mir doch den Spaß nicht verderben +++ Ich hab schon mal gelebt +++ Fett in Strapsen macht mich an +++ Rothaarige – Hexen oder Heilige? +++ Vorspiel – nein Danke! +++ Ich pinkle nur im Stehen +++ Sex ist mein Hobby +++

Talk-Show-Themen von SAT 1, RTL und ProSieben

---

3 „Wir kämpfen gegen die permanente Charme-Erwartung"

Die Journalistin Anne Will über eine optische Täuschung: Im Fernsehen stehen Frauen im Vordergrund – auf den Chefsesseln im Hintergrund sitzen Männer

Die Geschichte ist 20 Jahre alt: 1986, eine kleine Lokalredaktion in der Nähe von Köln, in der ich damals als freie Mitarbeiterin arbeitete. Ich sitze da mit vier Kolleginnen, die Tür geht auf, ein Endfünfziger kommt rein und fragt allen Ernstes: „Keiner da?" Fassungslose Stille. Schließlich steht die Redaktionsleiterin auf und fragt, ob sie helfen könne (obwohl wir finden: dem ist ohnehin nicht mehr zu helfen).

Heute würden wir diese Geschichte wohl kaum genauso erleben. Wenn dieser Mann noch lebte, würde selbst der mittlerweile Endsiebziger vermutlich wenigstens grüßen, wenn er einen Raum mit fünf Frauen betritt. Und er wüsste vermutlich sogar, dass diese Frauen dort nicht auf ihre Chefs warten, sondern selbst Chefinnen und Redakteurinnen sind.

Zumindest vordergründig, so meine ich, auf der symbolischen Ebene, hat sich manches verändert. Fernsehen ist – das sage ich ganz ohne jeden Kulturpessimismus – im wesentlichen Vordergrund. Und: Der ist voll von weiblichen Gesichtern. Alle wichtigen Nachrichtensendungen werden auch von Frauen moderiert. Für viele politische Talkshows gilt Gleiches. Kein Fernsehsender kann auf Frauen in der Sportberichterstattung verzichten, kann es sich gar erlauben, zu einer ausgewachsenen Fußballweltmeisterschaft zu fahren, ohne nicht mindestens eine Frau mitzunehmen. Das Bild, das das Fernsehen uns vermittelt: Frauen finden statt.

Frank Schirrmacher, einer der Herausgeber der FAZ, sieht darin gleich eine „Männerdämmerung" und hat Angst vor der weiblichen Machtübernahme in der Medienindustrie. Er kann beruhigt werden.

Vordergrund – Sie ahnen es – ist nicht Hintergrund. Frauen haben zwar den Bildschirm

prominent erobert, nicht aber die Chefsessel. Wie überall sonst auch besetzen Frauen in den Fernsehanstalten nur einen äußerst kleinen Teil der Führungspositionen. Bei der ARD gibt es eine Chefredakteurin und eine Intendantin. Eine von jeweils elf.

Unser Produkt sind vordergründig Bilder und hintergründig Inhalte. Wir Moderatorinnen sind verdammt oft im Bild und damit unübersehbarer Teil des Vordergrunds. Unsere eigentliche Arbeit ist aber journalistischer Hintergrund. Den dürfen wir aber nur so lange präsentieren, wie die „Verpackung" stimmt.

Sie muss selbstverständlich schön geschminkt und frisch gekämmt sein, wenn's geht, auch noch einigermaßen gut aussehend und: nicht zu alt. Daran hat sich auch mit der größeren Zahl an Frauen auf dem Bildschirm und den anspruchsvollen Formaten, die sie moderieren, nichts geändert. Wir haben eben noch keine Barbara Walters, die in den USA mit fast 77 Jahren immer noch moderiert und immer noch aufsehenerregende Interviews führt. Im deutschen Fernsehen gibt es fürs weibliche Älterwerden nach wie vor kein „role model". Im Übrigen auch nicht dafür, ob und wie Frauen knallharte Interviews führen dürfen. Bei uns wird ohnehin zaghafter gefragt als etwa im angelsächsischen Raum. Frauen kämpfen aber zusätzlich noch mit einer permanenten Charme-Erwartung. Hartes Nachfragen wird bei Frauen sehr schnell als zickig, als ungehörig, ja als unverschämt empfunden. Und je weniger Jugendlichkeit in ihrem Gesicht aufblitzt, umso schwieriger wird es für sie und umso erboster werden die E-Mails der Zuschauer (sehr viel seltener: der Zuschauerinnen) am nächsten Tag.

Was tun? Wahrscheinlich bleibt nur: Festsetzen! Weitermachen! So lange, bis sich nicht nur symbolisch das Bild unseres Mediums zugunsten der Frauen 5 verändert hat, sondern manche von uns alt und grau geworden sind – auf dem Bildschirm und im Chefsessel.

Anne Will, 40, moderiert seit 10 *2001 die ARD-„Tagesthemen". Ihre journalistische Laufbahn begann sie noch während ihres Studiums bei der „Kölnischen Rundschau". 1999 wurde sie als* 15 *Moderatorin der „Sportschau" bundesweit bekannt.*

Die Zeit, 24.08.2006

4 „Die Mädchen beunruhigen mich"

Die Moderatorin Anke Engelke über benachteiligte Fernsehfrauen und über Mädchen, die sich zu nackt zeigen

ZEIT: Als Ihre Late-Night-Show damals abgesetzt wurde, haben
⁵ Sie sich da kein einziges Mal bei dem Gedanken ertappt, es
könnte damit zusammenhängen, dass Sie eine Frau sind?
Anke Engelke: Überhaupt nicht. Niemals. Ich fand das eher ein
bisschen krückig, dass das immer wieder thematisiert wurde.
So unpassend.
¹⁰ **ZEIT:** Harald Schmidt konnte sich ewig Zeit lassen, bis er seine
Form gefunden hatte. Er hatte nämlich einen Freund, den Sen-
derchef, der ihm half. Sie hatten offenbar keinen. Weil Frauen
selten in Seilschaften vereint sind, sind sie im Fernsehen be-
nachteiligt?
¹⁵ **Engelke:** Stimmt. Frauen, die klug, mutig oder innovativ sein dürfen
im Fernsehen, sind selten. So selten wie Männer, die nur moderieren, weil sie schön anzuschauen sind. Das kann einfach nicht
nur daran liegen, dass es zu wenige gute Fernsehfrauen gibt.
Wer sich durchsetzen möchte, muss nicht nur etwas können,
²⁰ sondern auch sehr, sehr ehrgeizig sein, Macht mögen oder gute
Freunde zum Chef haben. Gilt für Frauen und Männer, aber die
Männer scheinen ganz klar auf der Siegerseite zu sein, stimmt.
ZEIT: Sie haben vor, während und nach der Show mit Alice Schwar-
zer in Emma geredet. Die konnte Sie nicht vom Benachteiligt-
²⁵ sein als Frau überzeugen?
Engelke: Nein, wir haben grundsätzlich unterschiedliche Meinun-
gen, wollen aber dasselbe. Sie hat da als Journalistin auch Kritik
geübt, völlig berechtigte Kritik. Sie hat gesagt, ihr hättet euch
das im Vorfeld besser überlegen müssen, was du kannst, was
³⁰ du nicht kannst und was ihr wollt.
ZEIT: Wo sehen Sie feministischen Handlungsbedarf?
Engelke: Ich mache mir Sorgen um junge Frauen und um Mädchen. Weil die ständig konfrontiert werden mit einem Diktat,

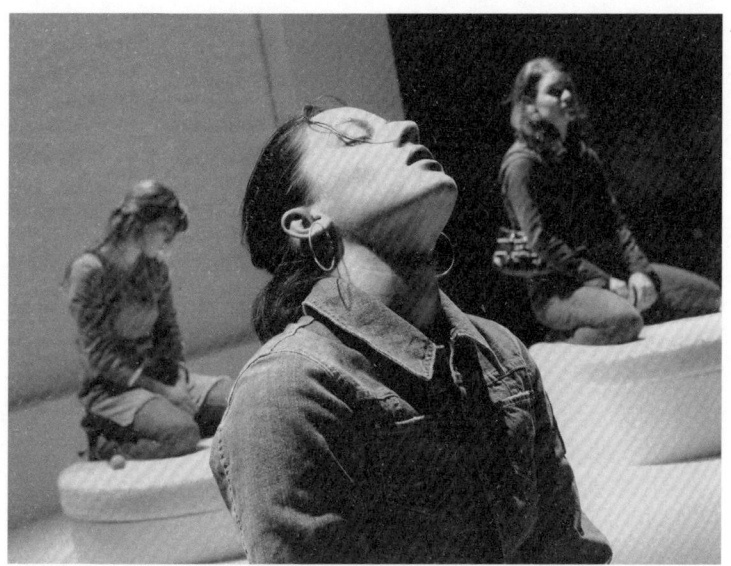

das sich sowohl auf ihr Innenleben als auch auf Äußerlichkeiten bezieht. Das finde ich bedrohlich. Die Mädchen sollen dünn sein und erfolgreich sein und schön sein und Popstar werden. Gleichzeitig legen sie so eine scheinbare Frechheit an den Tag, so etwas behauptet Peppiges: Hey, Jungs, schaut mal, wir tra- 5 gen Minirock, einfach weil wir Bock haben. Und weil wir so modern sind, sagen wir auch mal: Scheiß auf die Gleichberechtigung. Das ist eine totale Hilflosigkeit.

ZEIT: Woher wissen Sie das?

Engelke: Ich treffe viele Kinder, die einfach mal mit mir reden 10 möchten. Weil ich ihnen fremd und doch vertraut bin, vielleicht. Und ich mach ja im Sommer wieder Führungen in der Kunsthalle hier in Bonn, für Kinder und Jugendliche. Wie schon in den vergangenen Jahren. Das ist für mich ein extrem spannendes Studienfeld. Sobald man zwei, drei Gegenfragen stellt, sind 15 die extrem verunsichert. Ich kenne das nicht von früher, dass Mädchen Hand in Hand irgendwo sitzen, einfach weil sie sich festhalten müssen. Die ziehen auch die Schultern so ein. Das

beunruhigt mich. Hab ich früher so nicht gemacht. Oder wie die
sich anziehen. Weil ihnen auf Titelseiten und Plakaten Riesen-
brüste um die Ohren gehauen werden, tragen sie Dekolletés
bis zum Anschlag und Make-up, bei dem ich nicht weiß, ob ich´s
5   tragisch finden soll. Zu bunt, zu billig, zu vierzigjährig. Das sind
so schöne Mädchen. Aber es ist eine Schönheit, die geht uns
nichts an. Die ist mir zu sehr nach außen getragen.
ZEIT: Vielleicht spielen sie ja nur damit.
Engelke: Spielen heißt ja, dass man bewusst mit etwas umgeht.
10 Wenn ich nur vier Quadratzentimeter Stoff an mir habe, als
Mädchen, das erzählt etwas.
ZEIT: Was verunsichert diese Mädchen so?
Engelke: Weiß ich nicht. Alle sind so verwirrt heute: Die Mütter
sind um die vierzig und können nicht so sein wie ihre eigenen
15 Mütter, die toll waren, zum Teil gar Heldinnen. Die Mütter von
heute erkennen, dass sie jetzt noch mal Volldampf machen
können, in der Liebe, im Beruf, im Ego-Bereich. Aber während
die sich glücklich tanzen, können sie ihren Töchtern nur Frei-
sein beibringen, und ich weiß nicht, ob das reicht.
20 **ZEIT:** Haben Sie selbst das Gefühl, alles unter einen Hut zu krie-
gen: Erfolg, Privates, Ihre beiden Kinder?
Engelke: Ja.
ZEIT: Wollen Sie Vorbild sein?
Engelke: Wenn´s sein muss. Besser ich mit meiner Familien-Kar-
25 riere-Kombi, mit öffentlichen Erfolgen und Misserfolgen, mit
einem Durchschnittsaussehen und ohne kranken Ehrgeiz als
irgendwelche Popstars oder Models. Man muss das nicht werden. An mir sieht man, dass die Über-Nacht-Megastars die Aus-
nahmen sind, Langzeit-Malocher wie ich dagegen die Regel.
30 Wenn man schon berühmt werden will und nicht, wie zu meiner Zeit, Entwicklungshelferin oder zumindest Lehrerin.
Anke Engelke, 40, moderiert Fernsehsendungen, seit sie 14 ist. Fast
immer mit großem Erfolg – bis sie im Jahr 2004 versuchte, Nachfol-
gerin von Harald Schmidt zu werden.

Die Zeit, 24.08.2006

5   Zum Abschuss freigegeben

Entdeckt, zur Schau gestellt, fallen gelassen: Wie nie zuvor setzen Fernsehen und Zeitungen auf Menschen, Schicksale, Emotionen – und hinterlassen jede Menge Opfer

Der Tag, an dem ihre Tochter eingeschult wurde, sollte ein ganz besonderer Tag für die Deutsch-Türkin Nil Schaller werden. Es war der 31. August vergangenen Jahres, das Fernseh-Regionalmagazin Maintower vom Hessischen Rundfunk war in die Kirchner-Grundschule im Frankfurter Stadtteil Bornheim gekommen, um über den Ehrentag der Erstklässler zu berichten. Doch dann nahm das Verhängnis seinen Lauf. Für einen kurzen Moment nahm Nil Schaller die Schultüte ihrer Tochter in die Hand, weil die Kleine sich die Schuhe zubinden sollte. In diesem Augenblick filmten die Maintower-Leute die stolze Mutter. Sechs Tage später lief die kurze Passage aus dem hessischen Lokalfernsehen erneut über den Bildschirm, diesmal bundesweit, auf ProSieben. Nil Schaller war Stefan Raab und seinem TV Total in die Hände gefallen. „Mir ist eine Erstklässlerin aufgefallen, die meines Erachtens nach vielleicht ein bisschen zu alt dafür ist", sagte Raab grinsend. Im Bild erschien Nil Schaller, die Schultüte im Arm. „Unfassbar, oder?", kommentierte Raab dazu. „Die Dealer tarnen sich immer besser." Ein harmloser Scherz? 1,13 Millionen Menschen sahen Raabs Sendung. Was das bedeutet, hat Nil Schaller in den folgenden Tagen und Wochen erlebt. Von fremden Menschen sei sie auf der Straße gefragt worden, ob sie ihnen „Stoff" verkaufen könne, berichtet ihr Essener Anwalt Frank Roeser. Zu dem Imbiss, in dem sie als Bedienung arbeitete, seien die Menschen gepilgert, um sich über die „Drogendealerin" lustig zu machen. Bis es dem Inhaber zu dumm geworden sei und er die Frau entlassen habe. Nil Schaller ist eine einfache Frau. Dem Wirbel nach Raabs Sendung stand sie hilflos gegenüber. Als auch noch zwei große türkische Zeitungen, Hürriyet und Türkiye, darüber berichteten und die Ehrverletzung im deutschen Fernsehen geißelten, habe sich seine Mandantin vor lauter Scham nicht mehr auf die Straße getraut, sagt Roeser. Er verklagte Raab, der sein Privatleben selbst in der Öffentlichkeit rigoros schützt, wegen Persönlichkeitsrechtsverletzung auf Schmerzensgeld für seine Mandantin, er habe die Frau „lächerlich" und „zum Objekt" gemacht. Die Klage wurde in erster Instanz jedoch abgewiesen.

Ganz oben, unterm Dach eines stattlichen Mietshauses am Fuß des Zürichbergs, liegt die Praxis des Züricher Psychotherapeuten Mario Gmür. Neben den üblichen Verängstigten, Verzweifelten und Verstörten finden seit einiger Zeit vermehrt solche Hilfesuchenden den Weg hier herauf, die „in die Medienfalle geraten" sind, wie der 60-jährige Therapeut es ausdrückt. Prominent und nicht prominent. Gmür gilt inzwischen als Medienexperte, er hat sogar ein Buch zum Thema geschrieben (Der öffentliche Mensch – Medienstars und Medienopfer, dtv). Er weiß, was Medien bei Menschen anrichten können. Immer aufdringlicher rücke die Branche dem Publikum auf den Leib, um angesichts der enormen Konkurrenz noch gehört zu werden. Immer schriller, immer marktschreierischer gebärde sie sich. So sei eine permanente Aufgeregtheit entstanden, ein Sensationsjournalismus, der auch nüchterne Themen „so spektakulär aufbereitet, dass Gefühle ausgelöst und aufgepeischt werden", meint Gmür. Auch auf die so genannte Qualitätspresse habe die Boulevardisierung längst übergegriffen. Als Vorreiter dieser Emotionalisierung der Medien hat Gmür die Trash-Talkshows der Privatsender am Mittag und Nachmittag ausgemacht. Sie hätten „Themen in die öffentliche Arena eingeführt, die zuvor als privat galten". Beispiel: „17, schwanger, arbeitslos – was willst du deinem Kind bloß bieten?" Für einen Politiker, der beim Wahlvolk ankommen will, reiche es seither nicht mehr, mit brillanten Stellungnahmen auf seinem Fachgebiet zu glänzen, meint Gmür, „mindestens ebenso wichtig ist es, dass er mitteilt, er wasche seine Socken selber oder spiele mit seinen Enkelkindern Fußball".

Der um sich greifende Gefühlsjournalismus ist auf Provokation aus, auf Steigerung der Gefühle, egal welche. Trete etwa ein

Minister „bleich" vor die Presse, so habe sich der Verlauf eines Skandals zu seinen Ungunsten verändert egal, was er in der Sache sage. Gmür: „Der Emotionsjournalismus hat bereits das Urteil über ihn gesprochen." Alle Genres, alle Medien durchziehe diese Lauerhaltung, auch schon lang bestehende Formate wie Quizshows. Diese lebten längst nicht mehr, wie zu Zeiten Hans-Joachim Kulenkampffs, „von der Bewunderung für den enzyklo-pädischen Alleswisser, sondern vom gespannten Verfolgen der Anzeichen von Stress auf dem Gesicht des Kandidaten, das die Kamera meist in Naheinstellungen fixiert".

Oft sind es Sekunden, die darüber entscheiden, ob jemand Medienopfer wird oder nicht. Deshalb versuchen Medienberater wie Marcus Knill den Klienten klarzumachen: Entscheidend ist, dass man im ersten Moment überlegt reagiert. Bei einer verbalen Attacke, die durchaus freundlich daherkommen könne, gelte es, kühlen Kopf zu bewahren und Zeit zu gewinnen. Knill lebt und arbeitet eine knappe Autostunde von Zürich entfernt. Er berät vermehrt Politiker, Manager, hohe Beamte und Spitzensportler aus der Schweiz, aber auch Führungskräfte aus Deutschland. Er bringt ihnen bei, wie man vermeiden kann, Medienopfer zu wer-den. Entscheidend sei, so sein Rat an die Mandanten, stets auf indiskrete Fragen vorbereitet zu sein. Denn ein Emotionsjourna-list setze auf das Überraschungsmoment. Auch mitten in einem sachlichen Gespräch könne plötzlich die unverschämte Frage im Raum stehen: „Wann hatten Sie das letzte Mal Sex?"

Ein Volk von Voyeuren ist so herangezogen worden, das vor allem eines sehen will: Sieger und Verlierer. Und ein Heer von Exhibiti-onisten stellt sich nur zu gern zur Verfügung. Geltungsbedürfnis, der Wunsch, wenigstens für einige Momente prominent zu sein, drängten den „kleinen Mann" vor die Kamera und sei es als Loser oder Taugenichts. Scharenweise outeten sich die Alkoholiker oder Fetischisten, die Bettnässer oder Kleptomanen „in der Hoffnung auf einen Beurteilungsbonus für ihre freiwillige Selbstoffenba-rung", sagt der Züricher Psychologe Gmür. Aber niemand honorie-re es ihnen, wenn die Scheinwerfer ausgeschaltet sind.

„Es sind oft labile Menschen, die im Rampenlicht stehen möchten", sagt der Therapeut. Menschen, deren gesteigertes Gel-
tungs- und Aussprachebedürfnis in einem Trauma wurzele. Oder
Menschen mit einer „ichschwachen", unausgereiften Persönlichkeit, wie sie die heutige Zeit, die kaum noch Orientierung biete,
mehr und mehr hervorbringe. Im Fernsehen jedoch erführen sie
statt Bestätigung Desillusionierung, wenn sie merkten, „dass sie
nur für eine Dramaturgie missbraucht wurden", wie Gmür sagt.
Die Privatsender produzieren die meisten Medienopfer. Allen
voran Stefan Raab, „des Teufels Moderator", wie ihn der Spiegel
nannte. Ein Heer junger Leute, meist Studenten, ist für Raab von
früh bis spät damit beschäftigt, Fernsehsendungen zu sichten.
Welches Material gibt eine Pointe nach dem Gusto des Modera-
tors her? Der riesige Raum, in dem die Hilfskräfte sitzen, die erste
Etage eines ehemaligen Fabrikgebäudes, wird auch „der Stollen"
oder „das Bergwerk" genannt. Hier, im früheren Industriegebiet
und heutigen Medienstandort Köln-Mülheim, residiert die Brainpool TV, die Raabs Sendung produziert. Es ist früher Nachmittag,
vor einer Wand mit neun Monitoren sitzt ein stämmiger junger
Mann und verfolgt neun Fernsehsendungen gleichzeitig, vor ihm
auf den Tisch eine dicke Programmzeitschrift, etliche Sendungen
dick angestrichen, die auf jeden Fall auf Video aufzunehmen
sind: die Oliver Geissen Show auf RTL, Britt Der Talk um eins auf
Sat.1, SAM auf ProSieben, eine Bundestagsübertragung in ARD
und ZDF. Ein paar Tische weiter sitzen Studenten um einen run-
den Konferenztisch, sie tragen Kopfhörer, jeder von ihnen starrt
auf einen Monitor und sucht eine bereits aufgezeichnete Sendung nach verwertbaren Stellen ab. Szenen werden in Zeitlupe
wiederholt, Ausschnitte herangezoomt.
„Sich über jemanden lustig zu machen ist legitim", meint Jörg
Grabosch, der Brainpool-Chef. „Wir nehmen ja nie Leute, die noch
nie im Fernsehen waren. Wir zeigen sie im besten Fall in einem
neuen Kontext." Grabosch sitzt ein paar Etagen weiter oben in
dem Fabrikgebäude in einem verglasten Büro. Neben seinem
Schreibtisch läuft ein Fernseher ohne Ton, auf Videotext wer-

den ständig neue Einschaltquoten von Sendungen des Vortags eingespielt. Nicht Raab sei zynisch, so Grabosch, sondern jene Redakteure von Rundfunkanstalten, die unter der Hand ihre eigenen Sendungen zum Ausschlachten einschickten. Dabei kann der „neue Kontext", in den Raab seine Opfer stellt, ein völlig anderer sein und, wie im Fall Lisa Loch, zum Albtraum werden.

Für die damalige Schülerin wurde zum Verhängnis, dass sie vor drei Jahren in Köln an einer Misswahl teilnahm und einem Team von RTLs Explosiv den schlichten Satz in die Kamera sprach: „Guten Tag, mein Name ist Lisa Loch, und ich bin 16 Jahre alt." Zwei Tage später zeigt Raab die kurze Sequenz, kündigt sie an mit den Worten: „Es geht um die Kandidatinnen einer Misswahl, und eine hat einen sehr interessanten Namen, schauen Sie mal." Auf dem Bildschirm erscheint Lisa mit ihrem Satz. Ins Gelächter des Studiopublikums hinein fährt Raab fort: „Ja, die Lisa Loch, meine Damen und Herren! Man muss doch heute nicht Lisa Loch heißen! So was kann man doch heutzutage notariell ändern lassen, zu Lotti Loch, oder vielleicht war Lisa Loch ihr Künstlername, und die heißt nämlich Petra Pussy." Das Publikum lacht, Raab ist nicht mehr zu bremsen: „Toller Name, auch wenn man ins Pornogeschäft einsteigen will. Der neue Film von Lisa Loch. Hallöchen!"

Auch an den folgenden zwei Tagen gefällt es Raab, seine Sendung mit Späßen über den Namen des Mädchens zu bestreiten. Sie habe sich schon gar nicht mehr getraut, den Fernseher einzuschalten, sagt ihr Anwalt Frank Roeser, der auch sie schon gegen Raab vertrat. Wohin seine Mandantin auch gekommen sei, in die Schule, auf Feiern oder zu Freunden, jeder Gang sei für sie zu einem Spießrutenlauf geworden. Bei ihr zu Hause in Essen meldeten sich anonyme Anrufer mit „Hey, Petra Pussy!" und legten auf. Irgendwann ließ die Aufregung nach. Weil Lisa im Rahmen des Schulunterrichts auch ein Betriebspraktikum absolvieren musste, bewarb sie sich durchaus naiv bei Brainpool. Sie wollte Raab sagen, „dass er so nicht mit mir umgehen kann". Antwort erhielt sie nie, dafür legte Raab in seiner Sendung nach fünf Monaten noch einmal nach. In einem Beitrag über einen Grünen-Vorschlag, das Wahlalter auf 16 Jahre zu senken, machte er sie zur Namensgeberin einer „Lisa Loch Partei". Auf dem Wahlplakat war ein kopulierendes Paar zu sehen, ein Mann saugt einer Frau, Lisa ähnlich, an den Brüsten. Unter dem Bild der Slogan: „Loch für alle". Nun häuften sich wieder die Schmähungen, Lisa traute sich vor Scham nicht mehr aus dem Haus, vorübergehend brachten ihre Eltern sie in das Ferienhaus der Familie nach Norddeutschland. Im Sommer wagte sie es nicht mehr, Kleider anzuziehen, sie trug Hosen statt Röcke. Aus der unbeschwerten Gymnasiastin aus gutbürgerlichem Haus, die Violine, Klavier und Tennis spielte, war ein verängstigtes, depressives Mädchen geworden, das einen Therapeuten brauchte.

Für Anwalt Roeser hat die Verletzung der Persönlichkeitsrechte seiner Mandantin eine „menschenverachtende" Dimension. Roeser erwirkte gegen Raab eine Unterlassungsverfügung, in zweiter Instanz verurteilte das Oberlandesgericht Hamm Raab im vergangenen Jahr dazu, Lisa Loch Schmerzensgeld über 70.000 Euro zu zahlen. Abgeschlossen ist das Kapitel für Lisa immer noch nicht. Wenn sie in der Apotheke ein Rezept einlöst oder in der Drogerie Fotos abholt, stets werde sie dann noch auf Raabs Sendung angesprochen, erzählt sie. „Ja", räumt Brainpool–Chef Grabosch ein, „im Fall Lisa Loch sind wir etwas zu weit gegangen, das war nicht sehr feinfühlig."

Neu ist das Muster nicht. Die moderne Mediengesellschaft sucht, wie schon in der Antike, nach einem Opfer, auf dem sie ihre inneren Spannungen, ihre Ängste und Aggressionen abladen kann. Dabei spielt es keine Rolle, ob der Sündenbock schuldig oder unschuldig ist. Hauptsache, er eignet sich dafür, Unmut und negative Affekte auf sich zu ziehen. In alten Zeiten wurden Sündenböcke in die Wüste gejagt. Heute besteht ihre „Opferung" darin, dass Unschuldige lächerlich gemacht und an den Pranger gestellt werden. Ihr Bild wird wieder und wieder gezeigt. Das heißt, die Opfer werden gerade durch die Dauerpräsenz ihres Bildes aus dem Publikum „ausgeschlossen".

Man kann das Betriebsgeheimnis von Raabs Sendung so beschreiben: Indem er ständig neue Opfer ausfindig macht und sie
an den TV-Pranger stellt, versucht er, ein Gemeinschaftsgefühl
unter den Fernsehzuschauern zu stiften. Alle Affekte sollen sich
auf das „Opfer" richten und es schuldig sprechen, auf Teufel komm 5
raus. In diesem Akt der emotionalen Entladung soll ein kollekti-
ves Wohlfühlklima entstehen, eine harmonische Gemeinschaft
der Lachenden und Feixenden. So macht Raab Quote auf dem
Rücken Unschuldiger. Je härter die Zeiten, desto mehr braucht
man davon. Anders gesagt: Je gnadenloser der Wettbewerb zwi- 10
schen den Medien, desto „blutiger" die „Opferungen".
Der Züricher Therapeut Gmür vergleicht Medienopfer mit Trau-
maopfern, nur dass sie nicht „körperliche Todesangst", sondern
„soziale Todesangst" litten. Sie fühlten sich tatsächlich als Sündenbock. Sie fürchteten, Job, Ansehen, Freunde zu verlieren, ihre 15
ganze Existenz. Und die Angst hört nie auf: „Bei den körperlichen
Bedrohungen ist das äußere Trauma einmal beendet und wird
in verinnerlichter Form als Erinnerung weitergelebt", sagt Gmür.
Beim Medienopfer dagegen bestehe die Bedrohung fort, denn 20

die einmal in die Welt gesetzten Behauptungen und Schmähungen könnten nicht wieder gelöscht werden. Die Angst vor einer Wiederkehr des traumatischen Erlebnisses äußere sich in Überempfindlichkeit, Schamgefühlen und Verfolgungswahn. Medienopfer fürchteten Diskriminierung, Hohn und Spott. Deshalb verhielten sie sich oft überangepasst und brav. Symptome, die Gmür bei Medienopfern beobachtet hat: depressive Verstimmung, Selbstmordfantasien, innere Unruhe, Schlafstörungen, Gefühl der Wehrlosigkeit, zwanghafte Rachefantasien, Schuldgefühle.

Roland Kirbach
Die Zeit, 09.06.2005

II Die Kunst des Beobachtens – Jugend-theater heute

1 Das Jugendtheater hat viel zu bieten

Theater! Wenn ihr dieses Wort hört, werden viele von euch an etwas Altmodisches denken. In der Tat, die Geschichte unse- 5
res Theaters ist sehr alt. Sie begann in der Antike. Griechische Autoren schrieben schon vor Christi Geburt Theaterstücke, z. B. „König Ödipus" (425 v. Chr.) von Sophokles, „Iphigenie in Aulis" (405 v. Chr.) von Euripides oder „Lysistrate" (411 v. Chr.) von Aristo-phanes. In seiner „Poetik" schuf der griechische Philosoph Aris- 10
toteles (384–322 v. Chr.) erstmals eine Theorie über das Theater. Wie wichtig diese Ursprünge für unser bürgerliches Theater sind, zeigt sich daran, dass die Stücke aus dieser Zeit bis heute – na-türlich in modernen Übersetzungen – weiterhin gespielt werden. Denn die Menschheit hat ihre Sehnsucht, in eine Rolle zu schlüp- 15
fen und ihren Spaß, sich zu verkleiden, über all die Jahrtausende beibehalten.
Traditionelle Stücke, also die Klassiker des Theaters, müssen nicht altmodisch aufgeführt werden. Wie sehr uns ein Stück gefällt, hängt auch von der Art und Weise seiner Inszenierung ab. Diese 20
muss natürlich immer das Publikum von heute im Blick haben, sein Interesse wecken und es mit den Zeichen und der Sprache unserer Zeit begeistern.
Aber dennoch werdet auch ihr die Erfahrung gemacht haben, dass euch der Besuch einer Theateraufführung, gerade wenn es 25
um die Klassiker des deutschen Theaters geht, nicht so recht ge-fallen hat. Es muss einen ja auch ärgern, wenn man nach 2 Stun-den das Theater verlässt und sich eingesteht, dass man „fast nichts verstanden hat". Man benötigt schon eine ganze Menge Theatererfahrung, will man mit Freude eine Inszenierung von 30
Lessings „Emilia Galotti", Schillers „Räuber" oder gar Goethes „Faust" mitverfolgen. Denn diese Stücke erzählen uns mehr als

nur eine Geschichte; sie sind vor allem voller komplexer Gedanken über die Menschen, ihr Leben und ihr Verhältnis zur Welt. Sie sind Philosophie.

Zum Glück gibt es aber neben dem klassischen Theater auch das
5   moderne Theater, also jene Stücke, die heute geschrieben werden. Sie handeln meistens von ganz aktuellen Problemen und die Bühnenfiguren erzählen ihre Geschichten aus der heutigen Perspektive. Ganz besonders „nah dran" am Publikum und der Zeit sind die so genannten „Jugendtheaterstücke". Diese sind eine
10   spezielle Form der Dramatik, also der Literatur für das Theater, die es sich zur Aufgabe machen, die Lebensgefühle der Jugendlichen zu beschreiben und auf die Bühne zu bringen. Jugendtheater ist professionelles Theater für jugendliche Zuschauer.

Der Anfang der modernen Jugendstücke ist eng mit der sogenann-
15   ten Studentenbewegung Ende der 60er Jahre des letzten Jahrhunderts verbunden. In dieser Zeit gründeten sich, insbesondere in Berlin, Theatergruppen, die spezielle Stücke und Inszenierungen für Kinder und Jugendliche spielen wollten. Das berühmteste Kinder- und Jugendtheater ist seit dieser Zeit das Grips Theater in
20   Berlin, und sein Direktor, den man im Theater „Intendant" nennt, heißt Volker Ludwig. Er hat viele Theaterstücke für Jugendliche geschrieben und diese sind nicht nur am Grips Theater gespielt worden, sondern überall im In- und Ausland. Das bekannteste ist sein Musical „Linie 1", das die Geschichte einer Jugendlichen aus
25   der Provinz erzählt. Sie fährt mit dem Nachtzug nach Berlin, um ihren „Märchenprinzen", einen Rockmusiker, den sie im Konzert erlebt hat, zu suchen. So verbringt sie einen ganzen Tag auf der U-Bahnlinie 1 und erlebt Menschen und Begebenheiten in der großen Stadt. Das Stück wurde 1986 erstmals gespielt, also urauf-
30   geführt, und ist bis heute, nach über 1.000 Vorstellungen, immer noch auf dem Spielplan des Grips Theaters zu sehen.

Aus dieser kurzen Beschreibung von „Linie 1" könnt ihr schon die Stärken und Besonderheiten eines Jugendtheaterstückes ablesen. Sie wenden sich alle ganz direkt an ein Publikum im Alter
35   zwischen 14 und 20 Jahren. Mit ihrer zeitgemäßen Sprache und

den Themen sind sie leicht verständlich. Sie nehmen die Lebens-
welten der Jugendlichen auf. Häufige Themen sind „erste Liebe",
„Schule und Elternhaus", „Pubertät und Freundschaft", aber auch
„Drogen", „politische Haltungen" und „Zukunftsangst". In all diesen Themen stecken viele Potentiale für spannende, konfliktrei-   5
che Geschichten. Die meisten Aufführungen der Jugendstücke
dauern nicht länger als 1 bis 1½ Stunden.
Nicht nur der Autor Volker Ludwig schreibt Jugendtheaterstücke. Lutz Hübner ist auch ein Vertreter dieser Dramatik. Die Liste
ähnlicher Stücke und Erfolgsautoren lässt sich fortsetzen. Igor   10
Bauersimas „Norway today" vermittelt Einblicke in abgründige
Lebensgefühle zweier Jugendlicher, „Feuergesicht" von Mari-
us von Mayenburg eröffnet den ungewohnten Einblick in ein
Familienleben und Kai Hensels Monodrama „Klamms Krieg"
erzählt uns unliebsame Wahrheiten aus dem Leben eines Leh-   15
rers.
Was bisher noch viel zu wenige wissen, ist die Tatsache, dass sich
die Jugendtheaterstücke auch sehr gut lesen lassen. Sie sind ein

besonders guter Einstieg für die Lektüre eines Dramas in der Schule, denn ein Jugendtheaterstück liest sich einfacher und schneller als ein Klassiker. Außerdem kann man im Deutschunterricht ohne großen Aufwand einzelne Szenen der Stücke auch im Klassenzimmer nachspielen. Somit verdeutlichen sich der Inhalt und die Personen der Stücke besser. Diese Technik erleichtert die Lektüre und macht Spaß. Auch können die Autorinnen und Autoren der Stücke mal in den Unterricht eingeladen werden und über ihre Arbeit berichten. Da die Jugendstücke momentan sehr populär sind, lassen sie sich auch auf den Spielplänen eures Stadttheaters oder einer Freien Gruppe in eurer Nähe leicht finden. Das wird dann ein Theaterbesuch, der bestimmt Spaß macht und ganz und gar nicht altmodisch ist.

Übrigens: das Stück „Creeps" von Lutz Hübner wird auch am Berliner Grips Theater und an vielen anderen Bühnen in Deutschland gespielt.

Henning Fangauf

2   Was war der Auslöser für „Creeps"?

Anlass 1:
Plakate mit bügelnden, saufenden, dösenden, vor dem TV rum-
hängenden Jugendlichen. Pickelig, verschlafen, mit entgleisten
Gesichtern.
Kein Glamour, sondern Leben live, authentisch, und zwar so au-
thentisch, dass es bestimmt eine Menge Arbeit gekostet hat, diese
Authentizität herzustellen. Björn sieht XXX. Wir sind Teil des wirkli-
chen Lebens. So verlogen hatte ich Realität noch nie gesehen.
Channelhopping, ein VJ bei XXX: er ist von seiner Aufgabe so of-
fensichtlich überfordert, dass sich massiv die Frage aufdrängt,
warum gerade er diesen Job hat. Er lispelt sich durch ein Inter-
view, vermasselt drittklassige Pointen und hat Probleme mit der
Aussprache.
Wo sind denn die öligen Moderatoren von früher, Barbie und
Ken, die gutaussehenden Entertainment-Roboter, die alles im
Griff hatten?
Niemand hat mehr was im Griff. Street credibility ist gefragt,
irgendwie muss es auf einmal echt sein. Das ist nicht unsym-
pathisch – das Problem ist nur: TV ist doch nie echt, oder? Was

wollen die denn? These: Barbie und Ken waren weit weg, die hat
man bewundert, aber so sah einfach niemand aus. Jetzt sind das
Leute wie du und ich, jeder kann ein Star sein (Andy Warhols
fifteen minutes).

5 Der da mit dem Haltungsschaden auf dem Screen, das könnte ich
auch sein. Der Job beim TV ist nicht weiter weg als der Gig auf der
Klassenparty, und plötzlich ist TV ganz nah. Einfach anrufen, bewerben … und da hat es wieder den alten Glam, da ist TV wieder
die alte Sehnsuchtsverarbeitungsmaschine. Ich sage nicht, dass
10 das schlecht ist, man muss es nur wissen: es gibt keine Realität
im Fernsehen.

Anlass 2:
Ein Casting für eine Moderatorenstelle (irgendein TV-Beitrag/
Blick hinter die Kulissen.) Ein Mädchen wird gefragt, warum sie
15 für diesen Job gut ist. Was wollen die denn wissen? Was wollen
die denn hören?
Nach dem Motto: Jetzt sag doch mal, warum du so klasse und
unwiderstehlich bist. Schlimmer kann man jemanden ja nicht
fertigmachen.
20 So war es dann auch, sie sagte nichts, löste sich quasi einfach auf,
versank im Erdboden, und cut.

Anlass 3:
Der Moment der Präsentation. Wann hat man sein Leben, ge-
packt wie einen Koffer, in der Hand (Kleist). Wann wird man in
25 Frage gestellt oder bestätigt oder in die Enge getrieben und was
bleibt da von einem übrig? These: Wie weit hat das, was man zu
sein glaubt, etwas mit einem selbst zu tun? Victor Hugo war ein
Idiot, der glaubte, Victor Hugo zu sein (Cocteau). X ist ein Jugendlicher, der glaubt, ein Jugendlicher zu sein. Das ist ein harter Job.
30 Vor allem mit Arno in der Regie.

Anlass 4:
„Creep" von Radiohead mal ganz laut auf einer Bühne hören.

Lutz Hübner

**Aus dem Programmheft „Creeps" des Kölner Theaters
für Kinder und Jugendliche, Ömmes & Oimel 2001**

3 Zyniker an den Schalthebeln

VON ROLAND MUSCHEL

Bensheim. „Creeps" ist ein Jugendstück, was ja nicht heißt, dass es die Grufties nichts anginge. Was die drei Mädels, die glauben, zum Moderatorinnen-Casting für eine Trendfashionmusicshow eingeladen zu sein, beim Fernsehen erleben, ist nämlich der große Reinfall – und der ist bei RTL, SAT 1, Pro 7, MTV, und wie sie alle heißen … bekanntlich nicht nur der blühenden Jugend vorbehalten. Schamlos nutzen die Zyniker an den Schalthebeln der Quotenrallye die exhibitionistischen Instinkte derjenigen aus, die für den Preis ihres Auftritts im Flimmerkasten jede Blamage, jede Peinlichkeit, jede Zumutung freudig erregt hinnehmen. Notfalls hilft die Aussicht auf fette Gagen nach.

Längst prägen diese Medien das Lebensgefühl von Millionen Menschen stärker als realitätsbezogene individuelle Vorstellungen und Wünsche. Dessen ist sich die Gesellschaft entweder nicht bewusst, gesteht es

sich nicht ein oder nimmt es als unabänderlich resignierend oder sarkastisch hin. Leben aus zweiter Hand, Scheinwelt,
5 Mode, Trend, der ganze postmoderne Flachsinn zwischen Puff-Daddy-Videoclip und Big Brother, Techno-Gedröhn und DJ-Jargon, alles zeitgenössische
10 Surrogate, bloß nicht die Suche nach sich selbst. So spricht der Grufti, der früher, ganz früher, als es die TV-Welt noch nicht gab, in der Frühstückspause die
15 Bild-Zeitung gelesen hat (was er sich bis heute nicht verzeiht), wohl wissend um den Krampf, der dort verbraten wurde.

„Creeps" – um es kurz zu fas-
20 sen – ist also ein sehr aktuelles Stück, eines, das jedes Kinder- und Jugendtheater ins Repertoire nehmen sollte. Echt soll die Sendung sein, wahres
25 Leben spiegeln, wahre Gefühle, Ansichten und Haltungen zum Ausdruck bringen. In Wirklichkeit ist alles bloß der große Bluff, die schiere Manipulation,
30 die werbewirksame Vortäuschung von etwas, das mit der Wahrheit so gut wie gar nichts zu tun hat.

Das Schauspiel Hannover hat
35 beachtlichen technischen Auf-

wand mit nach Bensheim gebracht. Jede Menge Monitore, links und rechts der Zuschauerreihen im Parkett an Brücken aufgehängt, die Videoeinwand inmitten des rosaroten Plüschkastens, der ein Studio vorgeben soll, dringen mit Bild und Ton gnadenlos auf den Theatergänger ein.

Unsichtbar, doch umso stärker und enervierender per Stimme vernehmlich, treibt Arno aus dem Regieraum (Tim Porath) sein fieses Spiel mit Maren, dem hysterischen Nervenbündel mit Öko-Tick (Juliane Niemann), mit Petra, Kumpeltyp aus Chemnitz (Franziska Henschel), und Lilly, der coolen Direktorentochter, die den Durchblick hat (Joanna Kitzl). Jede hat ihren Grund, warum ausgerechnet sie den Job haben muss. Maren, die Schulversagerin, die es ihrer Mutter und den Schulkameraden zeigen will, Petra, die aus der Enge der Provinz heraus will für einige Zeit, bevor das normale Leben in Beruf und Ehe losgeht, und Lilly, die endlich einmal etwas tun will, was nicht von ihrem Vater lanciert wurde.

Mannheimer Morgen, 30. 05. 2001

(gekürzt)

4 Der Autor Lutz Hübner

Lutz Hübner ist ausgebildeter Schauspieler. Er wurde 1964 in Heilbronn geboren. Nach dem Abitur absolvierte er seinen Zivildienst in einem Altersheim in Münster. Die Erfahrungen, die er dabei machte, hatten großen Einfluss auf sein erstes, wirklich erfolgreiches Stück „Das Herz eines Boxers", welches in einem Altersheim spielt. In Saarbrücken studierte Hübner von 1986 bis 1989 Schauspiel und Regie und war bis 1996 u. a. am Landestheater Neuss und am Theater der Landeshauptstadt Magdeburg als Schauspieler und Regisseur engagiert.
In dieser Zeit hat er auch mit dem Schreiben von Theaterstücken begonnen. „Tränen der Heimat" hieß sein erstes Stück. Dieser Monolog für eine Schauspielerin wurde 1994 an einem kleinen Theater in Berlin uraufgeführt. So richtig bekannt wurde Lutz Hübner mit „Das Herz eines Boxers", das das bekannte Berliner Grips-Theater 1996 uraufführte. 1998 wurde das Stück mit dem Deutschen Jugendtheaterpreis ausgezeichnet.
Seitdem hat Lutz Hübner viele weitere Stücke geschrieben. In der Spielzeit 1999/2000 führte er die Bühnenstatistik als der meistgespielte Autor aller deutschen Theater an. Seine bekanntesten Werke sind „Das Herz eines Boxers" (1996), „Gretchen 89FF" (1997), „Alles Gute" (1998), „Creeps" (2000), „Winner & Loser" (2002), „Nellie Goodbye" (2003) oder „Die letzte Show" (2005). Lutz Hübner ist ein Autor, der sowohl Stücke für Jugendliche als auch für Erwachsene schreibt. Das Theater der Stadt Hagen hat seine zweite Bühne, auf der überwiegend Stücke für Jugendliche aufgeführt werden, „Lutz" genannt und erweist damit seine Referenz an den erfolgreichsten Dramatiker für junge Menschen in unserer Zeit.
Lutz Hübner lebt in Berlin, alles weitere kann man über seinen Verlag Hartmann & Stauffacher (www.hsverlag.com) in Köln erfahren.

Henning Fangauf

III Status- und andere Spiele

1 Statusspiele

Bei diesen Spielen geht es um die bewusste Manipulation unseres Statusverhaltens.

So funktioniert es

Ohne Status könnten wir im Flur nicht aneinander vorbeigehen, ohne Schläge auszutauschen. Da dies körperliche Verletzungen mit sich bringen könnte, suchen wir einander nach Statussignalen ab, und derjenige, der Tiefstatus akzeptiert, weicht aus. Wenn wir uns über den Status nicht einigen können, entsteht eine unangenehme Situation, wenn wir nur zur gleichen Zeit durch die Tür gehen wollen.

Dass zwei Leute haargenau den gleichen Status haben, kommt so gut wie nie vor, außer, wenn sie gezwungen sind, identische und beschränkte Bewegungen auszuführen (Chöre, beim militärischen Drill und so weiter). Freunde lösen das Problem, indem sie Status zu einem Spiel machen; sie beleidigen einander, ohne es ernst zu meinen, oder verneigen sich im Spaß voreinander. Dadurch erklärt sich, warum wir oft jahrelang mit Bekannten zusammenkommen können und sie doch fremd bleiben, während wir mit spielerischen Menschen fast sofort Freundschaft schließen. Zuschauer werden freundlicher, wenn man sie neckt, wenn zum Beispiel im Gorillatheater ein Spieler auf allen vieren zum Publikum kriecht und sagt: „Vielen Dank: ich werde mich bemühen, diesen hohen Standard beizubehalten."

Schüler können durch Statusspiele sofort verändert werden, nicht, weil sie eine neue Fähigkeit lernen, sondern weil sie dazu gebracht werden, Fähigkeiten, die bereits in ihnen stecken, anzuwenden.

Status herstellen

Einige der wichtigsten Statussignale werden durch die Augen vermittelt. Wir halten den Blickkontakt, wenn wir dominieren möchten (oder wenn wir verliebt sind); wenn wir den Blickkontakt abbrechen und dann zurückschielen, verhalten wir uns unterwürfig. (Hitler hatte gelernt, den Blickkontakt zu halten und das Zwinkern zu unterdrücken, daher die vielen Berichte über seinen „hypnotisierenden Blick".)

Ein weiteres wichtiges Signal wird durch den Abstand der Hände vom Kopf ausgesendet. Wer seinen Mund berührt, während er jemanden anblickt, fühlt sich vielleicht „unschlüssig" oder „kritisch", doch wir nehmen ihn als „unterwürfig" wahr. Umgekehrt erhöht sich dein Status, wenn du jemanden im Gesicht oder am Kopf berührst; deshalb tun wir es bei Kindern (und erklärt vielleicht das seltsam arrogante Verhalten von Friseuren).

Bei sonst gleichen Voraussetzungen ist es derjenige Schüler mit dem höchsten „aktiven" Status, der den meisten „Raum" gebraucht und am entspanntesten ist. Man vergleiche jemanden, dessen Arme fest verschränkt sind und dessen Körper steif und symmetrisch ist, mit jemandem, der mit lässig gespreizten Beinen völlig entspannt auf dem Sofa lümmelt und keine Angst vor einem Angriff zeigt. Der mit den verschränkten Armen will unbedingt Hochstatus vermitteln.

Wenn unser Status nie gefährdet wäre, wären wir alle gelassen und ausgeglichen; unsere Hälse wären lang und unsere Bewegungen würden mühelos wirken. Aber wir besänftigen Hochstatusleute, indem wir unsere Haltung ruinieren und unseren „Raum" einschränken.

Kämpfe um deine Nummer

Ich bitte drei Schüler einzeln, aus eins bis drei eine Nummer für sich zu wählen, ohne sie irgendjemandem mitzuteilen. Eins definiere ich als hoch, zwei als etwas tiefer und drei am tiefsten von allen. Einser müssen versuchen, jedermann zu dominieren, doch vorzugsweise dominieren sie einen Zweier; Zweier brauchen Drei-

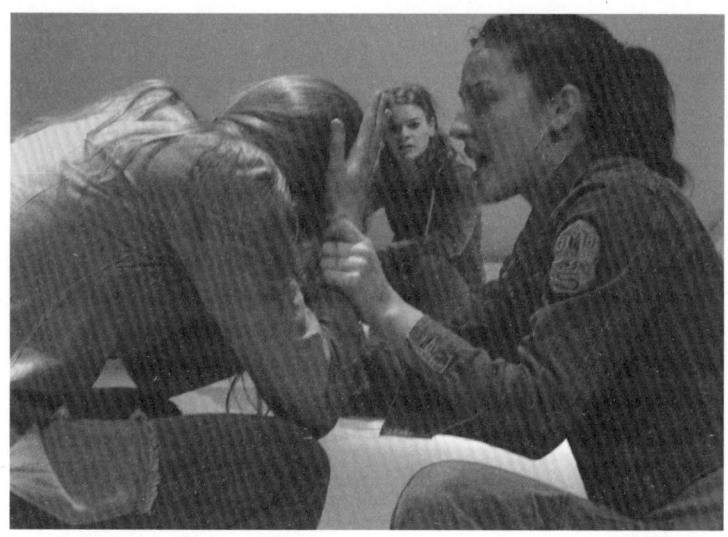

er, um sie zu beherrschen, und Einser, um zu ihnen aufzublicken.
Dreier blicken zu allen auf, aber sehnen sich nach einem Zweier,
um einen Bezug zu haben.

Ich erfand dieses Spiel als ein Modell für Interaktionen zwischen
Fremden, aber es stellte sich heraus, dass es ein ausgezeichne-
tes Modell für Interaktionen in der Familie ist, deshalb beset-
ze ich die Rollen als Vati, Mutti und Muttis Schwester oder zwei
Teenager und Oma. Ich lasse sie Szenen spielen, in denen jeder
seine geheime Nummer zu verwirklichen trachtet. Das Resultat
ist gewöhnlich eine Art „Statuskampf". Ein „Sohn" könnte unfrei-
willig von Mutti und Vati zur Nummer eins gemacht werden, oder
drei Schwestern versuchen, jeweils unterwürfiger zu sein als die
andere. Manche Dreier sind so unterwürfig, dass sie aussehen,
als wären sie aus einer anderen „Hackordnung" gekommen, also
sage ich ihnen, sie sollen sich nicht wie „Achter" benehmen.

Will man die Spannung erhöhen, bittet man eine Vierergruppe,
eine Zahl zwischen eins und drei zu wählen, oder eine Dreiergruppe, zwischen eins und zwei zu wählen. Dadurch kämpfen
mindestens zwei Spieler um dieselbe Nummer.

Den „falschen" Status spielen

Mit diesem Spiel lässt sich der Unterschied zwischen gesell-
schaftlichem Rang und interaktiven Status klären. Wir wählen ein
Verhältnis, das einen großen Unterschied im sozialen Rang ausdrückt: Lehrer und Kind, Räuber und sein Opfer oder Gehirnchir-
urg und Patient, und spielen eine Szene mit einem dem sozialen
Unterschied entgegengesetzten interaktiven Status. Stellen wir
uns einen Tiefstatusräuber und ein Hochstatusopfer vor:

„Entschuldigen Sie, Fräulein. Äh ... Fräulein! Äh ..."

„Was murmeln Sie da?"

„Ich bin ein Räuber! Ich ... äh ... raube Leute aus!"

„Von solchen Sachen habe ich gehört ..."

„Geben Sie mir Ihr Geld!"

„Du bist es, Ryan, nicht wahr? So zeigst du also deine Dankbar-
keit! Undankbarer Bengel". „Hier – das hast du verdient!"

„Auuuua! Mein Arm! Er ist gebrochen!"

„Nur ausgerenkt! Komm her, ich bringe das wieder in Ordnung!"

„Auuuu!"

„Du warst schon in der Turnstunde nie besonders gut."

Und so weiter.

Oder der Tiefstatusluftpirat und der Hochstatuspilot:

„Also? Wohin soll's gehen?"

„Tut mir leid ... also ... es ist entweder Ohio oder Idaho. Ich kann
sie nie auseinanderhalten."

„Sie wissen wohl nicht, wie man mit so 'ner Pistole umgeht,
oder?!"

„Doch, weiß ich! Und wenn's sein muss, werde ich sie auch be-
nutzen?"

„Wenn man abdrückt, kommt vorne eine amerikanische Flagge
raus. Man kann sie am Flughafen kaufen."

„Tatsächlich?"

Peter Cook spielte einen Hochstatusschüler, Dudley Moore einen
Tiefstatus-Klavierlehrer aus Wales. Ich habe diesen Sketch seit
dreißig Jahren nicht gesehen, aber ich erinnere mich an Teile
davon:

„Diese Note ist ein ‚A‘, diese ein ‚B‘ und so weiter, und nach ‚G‘ fangen wir wieder mit ‚A‘ an."

„O nein, so geht das nicht. Wir werden diese Note ganz links als Nummer eins bezeichnen …"

5 (Schluckt) „Gut, vielleicht sind Sie dann so nett und schlagen die Nummer vierundzwanzig an:"

Aus: Keith Johnstone: Theaterspiele.
Spontaneität, Improvisation und Theatersport.
Aus dem Englischen übersetzt von Christine und Petra Schreyer.
Alexander Verlag, Berlin 2004, S. 354–365.

2 Konflikte – Streit. Spielideen zum Thema

Elsa, 13 Jahre: „Ich spiele nicht Theater, um den langweiligen Alltag nach-
zuspielen, sondern um Liebe, Hass, Eifersucht, Raserei zu erleben und zu
spielen.“

Abklatscherkreis
Die Spieler stehen im Kreis, und die Erzieherin klascht in die
Hände. Dabei schaut sie ihrem Nachbarn Maik direkt in die
Augen. Maik nimmt den Klatscher auf und gibt ihn an seinen
Nachbarn Julian weiter. Das Spiel geht zügig und konzentriert im
Kreis herum. Wichtig sind der Augenkontakt und der fast rhyth- 10
mische Klatschabtausch. Landet der Klatscher wieder bei der Erzieherin, erweitert sie das Spiel durch einen Richtungswechsel.
Jeder Spieler kann seinen Klatscher entweder nach rechts oder
nach links abgeben. So entstehen zwischen den Spielern kleine
Wettkämpfe, wenn der Klatscher immer wieder zwischen Raoul 15
und Josi hin und her geht. Die Erzieherin wirft nun den Klatscher
in den Kreis zu einem Gegenüber. Jetzt kann jeder jederzeit dran-
kommen. Der Klatscher muss deutlich mit Blickkontakt ausge-
sandt werden.

Im Raum: Antäuschung
Die Spieler laufen kreuz und quer durch den Raum. Sie berühren
sich nicht. Das Tempo gibt die Erzieherin vor. Wenn sich im Vor-
beilaufen zwei Spieler begegnen, fixieren sie sich mit den Augen
und täuschen Schritte an, weichen aus, umtanzen sich. Die Erzieherin ruft: „Stop!“ Alle frieren die Bewegung ein. Sie finden 25
als Paare zusammen und bilden das Standbild „Kampf“, „Streit“,
„Konflikt“, „Spiel“, „Ärger“ oder „Gewalt“. Beim letzten Stop bleiben sie im Standbild zusammen.
Variation 1:
Das Antäuschen ist spielerisch und locker. 30
Variation 2:
Das Antäuschen ist weich und zart.

Variation 3:

Das Antäuschen ist aggressiv und gefährlich.

Variation 4:

Durch ein erhöhtes Lauftempo werden die Begegnungen schwieriger und wilder.

Variation 5:

Das Lauftempo wird reduziert bis zur Zeitlupe.

Variation 6:

Begegnen sich zwei Kinder, hat eines von ihnen einen imaginierten Ball. Sie umtrippeln sich und spielen Ball.

Variation 7:

Alle Spieler haben beim Laufen einen Ball, den sie vor sich her werfen oder auf den Boden prellen.

Fingerkampf

Die Spieler laufen kreuz und quer durch den Raum. Beim Stop finden sich die Paare zum Standbild „Kampf" zusammen. Die Paare arbeiten gleichzeitig. Bei diesem Kampfspiel versuchen Elsa und Stella, sich mit dem Zeigefinger gegenseitig auf dem Rücken zu berühren bzw. zu tippen. Die zweite Hand darf nicht eingesetzt werden. Den Partner festhalten und andere Gemeinheiten gelten nicht. Nacheinander führen die Spieler paarweise vor.

Variation:

Die Paare versuchen sich mit dem Finger auf dem Bauch zu berühren.

Bestimmerspiel

Die Spieler gehen wieder als neue Paare zusammen. Moritz ist der „Bestimmer" und hält seine Handfläche vor Philipp. Mit der Nase dicht an der Handfläche von Moritz folgt Philipp allen Bewegungen und Wegen im Tempo von Moritz. Das kann machmal sehr unangenehm und mühsam am Boden entlanggehen, immer im Kreis herum, mal ganz hoch, kreuz und quer, ganz runter, schnell oder in Zeitlupe. Die Erzieherin lässt einige oder alle Paare das Zusammenspiel vormachen. Danach wird gewechselt.

Philipp ist nun der „Bestimmer" und Moritz folgt. Die Erzieherin bespricht mit den Spielern die Erfahrung. Es zeigt sich, dass manche Spieler lieber nur folgen und manche gerne bestimmen. Einige fühlen sich wohl bei beiden Spielen.
Variation: 5
Ein „Bestimmer" führt an jeder Hand ein Kind.

Gestik-Kreis-Provokation
Die Spieler stehen im Kreis und überlegen sich provozierende Gesten. Reihum zeigt jedes Kind eine Geste wie: Faust, Finger, Wegwerfbewegung, Abwinken, Daumen nach unten, Finger kreu-   10
zen, Wegschieben, Abwehren. Die anderen Spieler spiegeln jeweils gemeinsam die Geste.
Variation 1:
Die Geste wird als Standbild eingefroren, und die Kinder bewegen sich erst wieder bei der neuen Geste.   15
Variation 2:
Zur Geste kommt ein Laut oder ein Geräusch, das die Geste unterstützt wie: „Pah, He, Wumm, Tschak, Zong ..."
Variation 3:
Die Geste wird ganz normal dargestellt und dann vergrößert, das   20
heißt übertrieben, so dass die Aktion viel Kraft und Anstrengung kostet. Die Spannung und Anstrengung wird dann wieder beim Verkleinern der Geste erneuert oder beibehalten.

Angriff- und Abwehrspiel
Die Spieler teilen sich in zwei Gruppen. Die beiden Gruppen stehen   25
sich mit einigen Metern Abstand gegenüber. Sie bilden jeweils eine Gerade. Aus ihrer Mitte wählt die Erzieherin je einen freiwilligen Anführer oder Vormacher. Der Anführer der ersten Gruppe macht eine Angriffsbewegung mit Geräusch vor. Seine Gruppe ahmt ihn nach und friert ein. Der Anführer der zweiten Gruppe   30
reagiert mit einer Abwehrreaktion, seine Gruppe ahmt ihn nach. Judika hebt als Anführer die Fäuste und sagt: „Tschong!"
Ihre Gruppe spiegelt die Bewegung und wiederholt den Laut.

Silvia, die Anführerin der Gegengruppe, hält schützend die Hände über sich und sagt: „Nein!" Die Gruppe folgt ihr. Schritt für Schritt mit Aktion um Aktion gehen die Gruppen aufeinander zu. Bis sie dicht voreinanderstehen und nicht mehr weiterkommen. Die Anführer wechseln, jeder sollte einmal führen.

Variation 1:

Auf den Angriff erfolgt direkt der Gegenangriff oder die Gegenreaktion. Was verändert sich da im Spiel?

Variation 2:

Eine Gruppe besteht aus Mädchen, die Gegengruppe aus Jungen.

Gegenseitiges Beschimpfen

Wieder stehen sich zwei Gruppen gegenüber. Pro Gruppe sind es maximal sechs bis zehn Spieler. Jede Gruppe sammelt für sich, auf einem Papier gut lesbar notiert, sechs bis acht Schimpfwörter. Gruppe A formiert sich als Haufen, der kleinste steht vorne und hält das Blatt mit den Schimpfwörtern in der Hand. Gemeinsam wie eine Person und wie aus einem Munde lesen die Spieler das erste Schimpfwort: „Depp!" Gruppe B antwortet: „Idiot!" So geht der Einwort-Dialog hin und her.

Wichtig dabei ist der Impuls für das gemeinsame Sprechen.

Variation:

Etwas Text wird hinzugefügt. Gruppe A: „Du Depp!" Gruppe B: „Was, ich Depp, du Idiot!"

Schimpfwörterstandbilder

Die ungewöhnlichsten, frechsten, aggressivsten Schimpfwörter werden als Standbilder von den beiden Gruppen gegenübergestellt und dabei laut ausgesprochen: Der „Saukopf" formiert sich gegenüber dem „Waschlappen".

Ilia, 12 Jahre: „Streit finde ich einfach darzustellen. Man kann sich laut anschreien, böse angucken, dadurch versteht das Publikum die Szene."

Wie-Streit-aussieht-Assoziationskette

Die Spieler assoziieren Worte, die ihnen spontan und schnell zu der Wortassoziation ihres Vorgängers einfallen. Die Spieler stehen im Kreis. Sie finden einen gemeinsamen Sprech- und Bewegungsrhythmus. Wie zum Beispiel: Einen Schritt zur Mitte machen, die Arme nach oben heben, und wenn die Arme oben sind, werden die Worte gesprochen.

Folgende Wortreihen könnten entstehen:

Streit – Blitz – böse Worte – Ärger – Wut – Bombe – Gewitter – dunkle Wolke – Gezänk – Knall – Wolf – Sturm – Hexe – Schläge.

Wie-Streit-aussieht-Standbilder

Die Spieler laufen kreuz und quer im Raum umher. Sie berühren sich nicht. Sie nutzen den ganzen Raum. Die Erzieherin bestimmt und variiert durch Vormachen und Mitmachen das Tempo. Sie ruft: „Zu dritt im ‚Streit‘ zusammengehen!" Alle suchen sich ganz schnell die am nächsten stehenden Spieler und bilden eine Gruppe. Die Erzieherin benennt ein Stichwort aus der Assoziationskette: „Streit!" Die Spieler bauen ein Standbild zu diesem Thema. Wieder wird die Gruppe neu durchmischt, alle laufen kreuz und quer. Die Erzieherin ruft „Zu viert als Monster zusammengehen!". Das neue Stichwort: „Gewitter!" Die Spieler bauen ein Standbild zum neuen Thema.

Streitstandbilder und -Szene

In Dreiergruppen suchen die Spieler nach Streitsituationen und stellen diese als Standbild dar: Zwei streiten sich um einen. Alle wollen das Gleiche haben. Zwei schließen einen einzelnen aus. Zwei lachen einen andern Spieler aus. Ausgehend von ihren Standbildern erfinden sie Szenen.

Variation 1:

Die Spieler betonen ein Gefühl, das sie in der Szene bewegt hat.

Variation 2:

Drei Entwicklungs- oder Steigerungsstufen des Streits werden durch kurzes Einfrieren hervorgehoben.

Variation 3:
Die Spieler stellen den gegensätzlichen Verlauf der Szene dar:
Streit – Versöhnung/Streit – Einigung/Streit – Harmonie/Streit
– Nachgeben/Streit – Liebsein.

5 **Das Streitspiel**
Zwei oder drei Spieler überlegen sich eine Streitsituation, bei der
noch viele weitere Akteure dazukommen können. Sie gehen auf
die Spielfläche und beginnen, ihre Streitsituation aufzubauen.
Der Rest der Gruppe schaut zu. Sobald der zuschauende Spieler
10 erfasst hat, um was es geht und in welcher Rolle er sich einbrin-
gen kann, geht er auf die Spielfläche und spielt mit. Die Erzieherin kann bei den ersten Spielen auch zwei Spielern eine Idee
zuflüstern.
– Streit auf dem Schulhof: Zwei Jungen stehen sich drohend ge-
15 genüber, sie streiten um einen Ball. Andere Schüler, Lehrer, Haus-
meister, Direktor kommen dazu und spielen in der Szene mit.
– Streit im Kaufhaus: Zwei Käufer wollen dasselbe Kleidungs-
stück vom Wühltisch kaufen. Andere Käufer, Passanten, Verkäu-
fer, Kaufhausdetektiv, Verwandte der Streitenden nehmen Partei
20 oder greifen ein.
– Streit auf der Straße: Zwei Autofahrer sind mit ihren Autos an-
einandergestoßen. Jeder gibt dem anderen die Schuld, Mitfahrer,
Fußgänger, Autofahrer, Polizisten, Neugierige, Sanitäter nehmen
Positionen ein und treten ins Spiel ein.

25 **Forumspiel 1:**
Wie kann man in eine Situation oder in einen Streit eingreifen?
Eine Dreiergruppe zeigt der Gruppe ihre Streitszene. Wir nennen
die Spieler A, B und C. A und B lachen C aus. A ist die aggres-
sive Person. Die Zuschauer sind ganz aufmerksam. Sie haben
30 den Auftrag, genau zuzusehen. Außerdem sollen sie schauen, an
welchem Punkt sie die Szene anhalten würden und etwas dazu
ergänzen wollten. Durch Handheben machen sie sich bemerk-
bar. Die Szene kann ruhig zwei- oder dreimal ganz gleich wieder-

holt werden. Die Erzieherin stoppt den Spielverlauf durch ihren
Zuruf, wenn ein Spieler seine Hand hebt. Oder falls anfangs keine
Meldungen kommen, stoppt sie an einem bestimmten Punkt. Er-
zieherin: „Was würdet ihr jetzt hier anstelle von B machen?" Ein
Spieler ersetzt B und verändert durch sein neues Spiel den Streit.   5
Ebenso kann man Spieler A oder C austauschen. Oder Spieler D
und E einführen.

Forumspiel 2:
Wie kann man einen Streit verhindern, beenden oder verschlimmern?   10
Die Spieler überlegen gemeinsam mit der Erzieherin, wie man
einen Streit beenden, verhindern, abschwächen oder vertagen
kann. Die Gruppe sammelt Beiträge: sich austauschen, seine Gefühle zeigen, sich für andere einsetzen, jemandem helfen, sich
in jemanden hineinversetzen, schlichten, einlenken, aussöhnen,   15
diskutieren …
Variation 1:
Die Spieler überlegen gemeinsam mit der Erzieherin, wie man
einen Streit vergrößern, verschlimmern, erweitern, anheizen
kann.   20

Variation 2:
Die Spieler überlegen, wie man sich passiv oder neutral verhält und was das bewirkt.

Forumspiel: Wie beim Forumspiel 1 ergänzen die Zuschauer die Szene mit neuen Handlungen.
Variation 1:
Die Spieler probieren auch die konträren Wege aus. Welche Spielweisen heizen die Situation an?
Variation 2:
Was passiert, wenn neue Spieler sich passiv und gleichgültig verhalten?

**Aus: Stephanie Vortisch: Keine Angst vor dem Theater.
Verlag Beltz & Gelberg, Weinheim 2004, S. 71–75.**

Bildquellenverzeichnis

Umschlag/S. 1, 62, 65, 73, 74, 77, 79, 81, 86, 95: Inszenierungsfotos des Theaterstückes „Creeps" am Jungen Theater Basel, 2004.
Fotos: Claude Giger, Basel.
S. 51: Creative Collection Verlag GmbH (RF), Freiburg.